Die Geschichte der

sächsischen reitenden Artillerie

1810 - 1813

herausgegeben von Jörg Titze

Heft 8

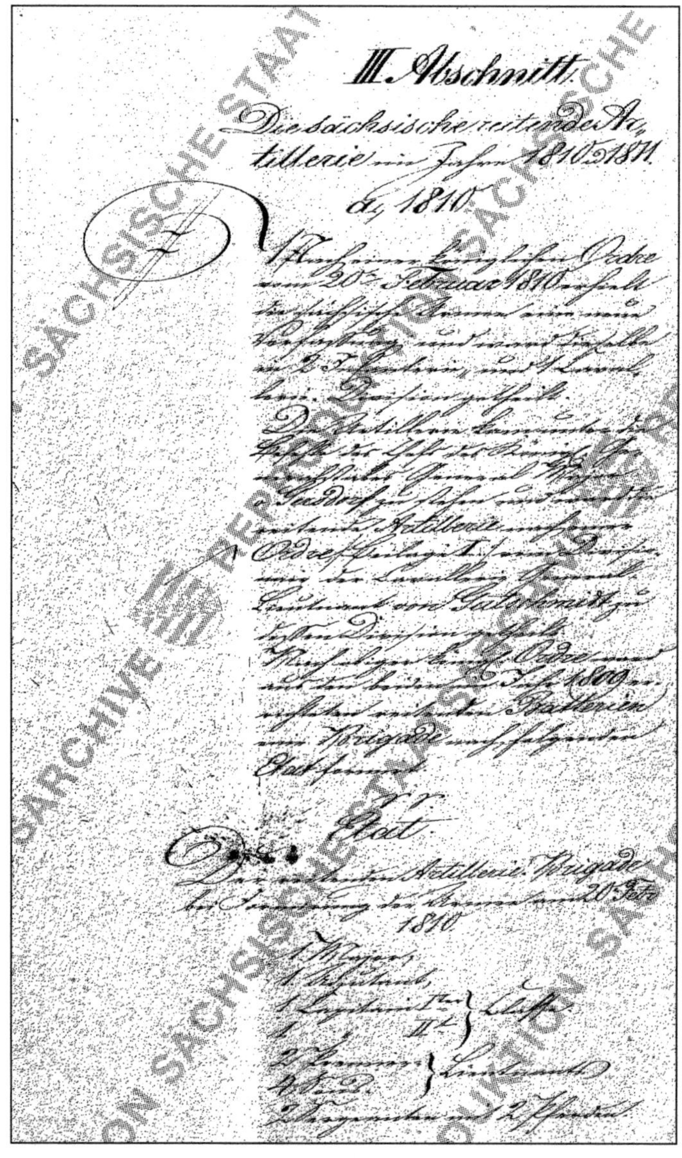

Faksimile der Seite mit dem Beginn des III.Abschnitts

Die

Geschichte

der

sächsischen

reitenden Artillerie

1810 -1813

Bibliographische Information der Deutschen Biliothek

Die Deutsche Bibliothek verzeichnet diese Publikation in der Deutschen Nationalbibliographie; detaillierte bibliographische Daten sind im Internet über http://dnb.ddb.de abrufbar.

Die Deutsche Bibliothek – CIP – Einheitsaufnahme

Jörg Titze (Hrsg.)

Die Geschichte der sächsischen reitenden Artillerie 1810 - 1813

Herstellung und Verlag: Books on Demand GmbH, Norderstedt, 2012

ISBN 978-3-8482-0615-5

Herstellung und Verlag:

Books on Demand GmbH, Norderstedt

Inhaltsverzeichnis

0.   Einführung

Im sächsischen Hauptstaatsarchiv in Dresden befindet sich die vom damaligen Adjutanten der reitenden Artillerie-Brigade, Oberleutnant Schmalz, in den Jahren 1833 -1837 handschriftlich verfasste Geschichte der sächsischen reitenden Artillerie.

Nur rund 30 Jahre nach dem Ende der Napoleonischen Zeit verfasst, konnte Oberleutnant Schmalz mit aktiven und inaktiven Offizieren, die Augenzeugen der damaligen Geschehnisse waren, sprechen und hat seine Arbeit mindestens zweien dieser Augenzeugen vorgelegt, wie aus den von fremder Hand vorgenommenen Anmerkungen zu schließen ist.

Die Veröffentlichung des Textes ist mir vom Hautstaatsarchiv freundlicherweise genehmigt worden, wofür ich an dieser Stelle Dank sagen möchte.

Der nachfolgende Text ist die getreue Wiedergabe des in deutscher Schreibschrift verfassten Originaltextes mit folgenden Ergänzungen:

1.   Zur besseren Strukturierung wurde ein Register eingeführt.

2.   Die Seitenumbrüche des nicht paginierten Originaltextes sind durch das Zeichen ‖ markiert.

3.   Einzelne Wörter und Begriffe sind lediglich der modernen Schreibweise angepasst, z.B. Leutnant statt Lieutenant, Kompanie statt Compagnie u.ä..

4.   Die Kommentare von fremder Hand im Originaltext sind mit NB gekennzeichnet.

5.   Die wenigen nicht korrekten Namens- und Ortsnamensnennungen im Originaltext sind entsprechend kommentiert. Gleichfalls sind im geringen Umfang Kommentare zum besseren Verständnis von Situationen und Begrifflichkeiten eingefügt.

Nicht eingegangen wird kommentarseitig auf Fragen der Bewaffnung, Ausrüstung, Uniformierung, Bespannung und Ausbildung sowie des Exerzierens.

Hier gestatte ich mir auf die Hefte 5 und 6[1] dieser Reihe, in welchen diese Fragen ausführlich abgehandelt werden, zu verweisen.

Der noch zu bearbeitende Zeitraum von 1804 – 1809 soll in einer weiteren Arbeit dem interessierten Leser gleichfalls zugänglich gemacht werden.

Leipzig im Juli 2007

<u>Einführung zur 2.Auflage</u>

Aus Anlass des 200.Jahrestages des Feldzuges in Russland vom Jahre 1812 hat sich auch im Zuge der Umstellungen meiner Arbeiten auf ein richtiges Buchformat eine 2.Auflage als durchaus wünschenswert gezeigt.

Leipzig im März 2012

---

[1] Heft No.5 – Das sächsische Artilleriekorps Das Artillerie-Trainbataillon 1810-1813
Heft No.6 – Das sächsische Artilleriekorps Das Regiment Artillerie zu Fuß, die reitende Artilleriebrigade und die Handwerker-Kompanie 1810-1813

1.   Die sächsische reitende Artillerie im Jahre 1810

Nach einer königlichen Ordre vom 20ten Februar 1810 erhielt die sächsische Armee eine neue Verfassung und ward dieselbe in 2 Infanterie- und 1 Kavallerie-Division geteilt.

Die Artillerie kam unter die Befehle des Chefs des königl. Generalstabes General Major von Gersdorf zu stehen und ward die reitende Artillerie nach einer Ordre (Beilage I) vom Divisionär der Kavallerie General Leutnant von Gutschmidt zu dessen Division geteilt.

Nach obiger königl. Ordre ward aus den beiden im Jahre 1809 errichteten reitenden Batterien eine Brigade nach folgendem Etat formiert:

ETAT

der reitenden Artillerie-Brigade bei Formierung der Armee am 20ten Febr 1810

    1 Major
    1 Adjutant
    1 Capitain Iter Klasse
    1 Capitain IIter Klasse
    2 Premier-Leutnants
    4 Sous-Leutnants
    2 Sergeanten   mit   2 Pferden
    4 Feuerwerker   4 ″
    2 Fouriers   -
  16 Korporals   16 ″
    2 Chirurgen   -
    4 Trompeter   4 ″
    2 Schmiede   -
  40 Ober- Kanoniers   40 ″
 160 Unter- Kanoniers   160 ″
____

242 Mann   mit   226 Pferden in Summe

Gegeben unter Ihro Königl. Majestät Höchsteigenhändiger Unterschrift zu

Dresden, am 20ten Februar 1810   Friedrich August

                                          von Cerrini

Eine Ordre vom 11ten April 1810 (Beilage II) vom General Gersdorf bestimmte vorläufig die neue Verpflegungsart der Brigade, da mit dem 1ten Mai die bisherige Verpflegung durch die Kompanie-Kommandanten in Wegfall kam.

Es erschien ferner ein Auswurf über das ausgesetzte Beimontierungsgeld sowie ein Verpflegungsauswurf für die Brigade nach der neuen Wirtschaftsverfassung vom 13ten April 1810 (Beilage III), wonach von den zum Etat der Brigade gehörigen 226 Pferden, in Friedenszeiten nur 115 Pferde präsent gehalten, so wie von den 40 Oberkanoniers 20 und von den 160 Unterkanoniers 60 Unterkanoniers 9 Monate im Jahr beurlaubt werden sollten.

In Hinsicht der Fourage und des ‖ Korns bestimmte eine andere Ordre vom 15ten April (Beilage IV) vom General Gersdorf, das Hafer und Korn im Magazin zu Dresden, das Rauchfutter aber von einem Batterie-Kommandanten durch Lieferanten angeschafft werden sollte, so wie eine anderweite Ordre vom 19ten April (Beilage V) nähere Weisung enthielt und für die Folge den Wegfall der Brot-Portionen für die Subalternoffiziere anbefahl.

Das Dienstverhältnis des Brigadiers der reitenden Artillerie bestimmte eine Ordre vom 9ten Mai 1810 (Beilage VI) vom General Major von Gersdorf, wonach derselbe im Dienst und Exerzieren an die Befehle des kommandierenden Obristen der Fuß-Artillerie, in Rücksicht des Reitens und der Pferdewartung an die des Divisionärs der Kavallerie und in wirtschaftlicher Hinsicht an das Conseil administrativ der Fuß-Artillerie, außer bei besonderen Verhältnissen, gewiesen wurde.

Bereits den 5ten Mai traf die bisher in Ruhland gestandene 2te reitende Batterie unter Hauptmann von Hiller in Radeburg mit Großdittmannsdorf, was die Batterie unterdessen anstatt Berbisdorf und Bernsdorf erhalten hatte, ein und wurden als Offiziers bei der Brigade angestellt ‖
Major   Friedrich Georg von Großmann Brigadier
Premier-Leutnant Johann Heinrich Vogel Adjutant

Capitain Iter Kl.   Johann Heinrich August von Roth * I.Bttr

Capitain IIter Kl. Carl Friedrich Freiherr von Hiller * II. Bttr.

Premier-Leutnant Johann Friedrich Knauth *   II.

˶   Friedrich Gottlieb Probsthayn   I.

Sous-Leutnant   August Friedrich Schumann   I.

Gottlob Ernst Eckhardt   II.

Carl Christian Hörnig   I.

George Andreas Wehlmann   II.   beim administrativ conseil

Anmerkung: Sous-Leutnant Schumann ward erst Ende Juli zur reitenden Brigade versetzt und stand bis dahin von Ende Juni an, der Sous-Leutnant Carl Christian Hübner dabei.

Eine Ordre vom 10ten Juli 1810 vom General v. Gersdorf (Beilage VII) betrifft den Wegfall der Entrichtung der fixen Preise bei den Rationen der Offiziers-Pferde, so wie eine dergleichen vom 30ten Juli 1810 (Beilage VIII) die fernere Entrichtung derselben von dem Rauchfutter zu 1 Gr. 6 Pf. à Ration.

Die Uniform der reitenden Artillerie blieb sich im Ganzen bis September gleich, nur ward die Abzeichnung der Unteroffiziere durch schräge über dem linken Ärmelaufschlag aufgesetzte Litzen angedeutet. Im September jedoch wurden neue Uniformen und Tschakos für die Brigade abgeliefert, von wo an rote Federstütze mit Behängen ausgegeben wurden, die Uniformen einen zweckmäßigeren Schnitt erhielten, die Uniform der ‖ Trompeter rot mit grünem Tschako und die Abzeichnung der Unteroffiziers durch Tressen um den Tschako bezeichnet wurde.

Die Offiziers erhielten Patronentaschen, wie die Offiziers der Kavallerie.

Die Oberdecken waren grün mit rot ausgezacktem Besatz und gelber Rundschnur besetzt, die übrige Pferdeequipage wie früher.

Zur Instruktion besonders der Offiziere der reitenden Artillerie im Reiten, war von der Kavallerie der Rittmeister v. Metzradt nach Radeberg im Laufe des Juli aus kommandiert.

Die Reit- und Exerzierübungen in der Garnision dauerten bis zum 3ten September, wo die Brigade mit 6 Stück 4spännig bespannten 4pfdgen Kanonen und 3 Stück Munitionswagen in Kantonierung bei Dresden abmarschierte (2 Granatstücke blieben zurück) und die Dörfer Pieschen, Tracha, Mücken, Uebigau und Kaditz belegte.

Im Depot zu Radeburg verblieben 1 Unteroffizier und 10 Kanoniers, worunter 1 berittener Mann zu Ordonnanzritten bestimmt war.

Der Exerzierplatz der Brigade war am Kaditzer Tännig und der des Korps bei Schönbrunn, es wurden die Geschütze zu dem Exerzieren 4spännig ‖ bespannt; eine Batterie rückte gewöhnlich zu demselben mit 6 Stück 4pfdgen Kanonen und 4 ebenfalls 4spännig bespannten Munitionswagen aus.

Mit dem Train der Artillerie überhaupt war insofern ein großer Fortschritt geschaffen, als in diesem Jahre aus den von dem Feldzuge in Österreich und Sachsen 1809 zurückgekommenen Fuhrwesen-Personal ein eigenes Artillerie-Train-Bataillon errichtet worden war, von dem 2 Unteroffiziers 2 Pferde 20 Trainsoldaten mit 40 Pferden bei der reitenden Brigade zum Dienst standen.

Die Uniform derselben war hellblau mit schwarzen Aufschlägen.

Die Musterungen waren zu der Zeit meist nur auf dem Papier und wurden nur die Sollizitanten hereinkommandiert.

Den 18ten September hatte das Artillerie-Regiment und die reitende Brigade Revue und Manöver vor Sr. Majestät dem König und wir erlauben uns, eine in der Folge dessen vom General von Gersdorf an den dermaligen Kommandanten des Artillerie-Korps Oberst Birnbaum erlassene Ordre mitzuteilen: ‖

Ordre   Dresden, den 18ten Septbr 1810

Ew. Hochwohlgeboren können wohl glauben, dass es mir zur größten Freude und Beruhigung gereicht, dem Artillerie-Korps die vollkommenste Zufriedenheit Sr. Majestät zu bezeugen.

Ich konnte keinen ehrenvolleren Auftrag erhalten und ich entledige mich dessen mit aller Anhänglichkeit, die ich nur einer Truppe widmen kann, welche in der Art wie diese, meine vollkommenste Zufriedenheit verdient.

Meinen Dank mag ich kaum hinzufügen, er kann sich nur in der dringenden Bitte auflösen, mit dem Eifer, mit dem guten Willen, den ich seither bemerkte, fortwährend einem hohen Ziele nachzustreben.

Nur dadurch, dass die Artillerie sich, von pedantischer Einförmigkeit und dem unsern Stand so schändenden Kleinigkeits-Geiste entfernte, war sie heut im Stande, sich einen ungeteilten Beifall zu erwerben.

Die reitende Artillerie kehrt den 21ten Septbr in ihr Standquartier zurück, sie bemüht sich den Herbst über mit schonender Einteilung der Pferde, sich in dem zu üben, was ihr noch abgeht, meine frühern Bemerkungen und die eigene Überzeugung ihrer Offiziere kann hierbei zur Richtschnur dienen.

Ich wünsche, dass die Zöglinge der Akademie bald zur Theorie und zur wissenschaftlichen Beschäftigung zurückkehren.

von Gersdorf

Die reitende Brigade rückte den 21ten September in der Garnision Radeburg etc. wieder ein und können wir nichts beifügen, als dass Ende Oktober das erste Mal 2 ‖ polnische Remontepferde zur Dressur und zugleich Instruktion an die Brigade abgegeben wurden. Der übrige Ersatz an Pferden geschah aus den von den leichten Kavallerie-Regimentern abgegebenen Pferden.

2. Die sächsische reitende Artillerie im Jahre 1811

Nach einer Generalstabs-Ordre vom 12ten Febr. 1811 fallen in den Montierungen der Trompeter die Flügel und die Schwalbennester weg.

Nach einer Ordre vom General von Gersdorf wurden in den Monaten Mai bis mit Oktober per Kompanie abwechselnd 12 Beurlaubte eingezogen.

Nach einer Ordre vom 8ten März 1811 vom General von Gersdorf (Beilage IX) wurden Kavallerie-Reglements ausgegeben, deren Vorschriften zur Richtschnur empfohlen und bestimmt, dass wenn die Brigade zu Pferd ohne Geschütz ausrückte, sie eine Escadron zu 48 Rotten formieren sollte.

Den 1ten April rückte die Brigade mit 4 Stück 4pfd.gen Kanonen, 4 Stück 4pfd.gen Granatstücken und 4 östreichischen Munitionswagen in die vorjährigen Kantonierungsämter Pieschen etc.

Im Ort blieben 1 Unteroffizier 12 Mann incl. 1 berittenen, sowie 2 Stück 4pfd.ge Kanonen.

Der Monat April wurde zum Exerzieren und Ausarbeiten der Mannschaften in der Brigade genutzt, und trafen zur Komplettierung derselben Mannschaften von der leichten Kavallerie und Fuß ‖ Artillerie ein.

Mit 1ten Mai begannen die praktischen Übungen des Artillerie-Korps und ward die Brigade den 3ten Mai in die Dörfer Kötschenbroda, Kaditz, Serkowitz, Radebiel, Nauendorf und der Train derselben nach Zitzschwig und Koswig verlegt.

Die Brigade erhielt hier den 9ten Mai 126 Reitpferde von Prinz Johann zu Komplettierung sowie der Train den 21ten Mai durch Eintreffen von

1 Sergeanten	mit	1 Pferd
10 Korporals	″	10 Pferden
76 Trainsoldaten	″	152 ″ zu den bereits präsenten
2 Unteroffiziers	″	2 ″
20 Trainsoldaten	mit	40 Pferden

für beide leichte Batterien vollzählig gemacht wurde, worauf von nun an die Geschütze stets 6spännig zum Exerzieren bespannt wurden.

Nach einer Ordre vom 13ten Mai 1811 vom General von Gersdorf wurden bei der Zusammenziehung der Division zum Exerzieren
 2 reitende und 4 Fuß-Batterien
18 Regimentskanonen = 2 Batterien unter die Befehle des Oberstleutnants von Hoyer gestellt.

In Folge dessen wurde von der Brigade dazu kommandiert

1 Major	v.Großmann		
2 Capitains	v.Roth und v.Hiller		
1 Adjutant	Premier-Leutnant Vogel ‖		
1 Premier-Leutnant	Probsthayn		
3 Sous-Leutnants	Schumann, Eckhardt und Hoernig		
2 Sergeanten	per Batterie	1 mit	2 Pferden
2 Feuerwerker ″	″	1 ″	2 ″
2 Chirurgen	″	1 ″	-----
2 Fouriers	″	1 ″	-----
12 Korporals	″	6 ″	12 ″
4 Trompeter	″	2 ″	4 ″
28 Oberkanoniers	″	14 ″	28 ″
122 Unterkanoniers	″	61 ″	122 ″
2 Schmiede	″	1 ″	-----

184 Mann   mit   170 Pferden und 12 Geschützen

und

12 Unteroffizieren	″	12 Pferden
84 Mann	″	168 ″ vom Train

sowie zur Reserve

1 Premier-Leutnant	Knauth		
1 Sous-Leutnant	Wehlmann		
2 Feuerwerker		mit	2 Pferden
4 Korporals		″	4 ″
12 Oberkanoniers		″	12 ″
38 Unterkanoniers		″	38 ″

56 Mann   mit   56 Pferden und 4 Geschützen

und

1 Unteroffizier	″	1 Pferd
12 Trainsoldaten	″	24 ″ vom Train.

Zu Ende des Monats Mai erhielt jede der beiden Batterien 4 Stück neue 6pfd.ge Kanonen und 2 Stück 8pfd.ge Haubitzen aus dem Hauptzeughaus. Die Schabracken und Mantelsäcke der Mannschaften wurden mit Nummern 1 und 2 bezeichnet.

Den 25ten Juni fand das Ma- ‖ növer vor Sr. Majestät dem König statt, wonach die Leistungen des Korps in einer Ordre vom General von Gersdorf rühmlichst erwähnt wurden.

Von den praktischen Übungen selbst führen wir nur noch an, dass den 11ten und 12ten Juni ein Biwak der Brigade auf dem Exerzierplatz bei Schönbrunn zur Übung bezogen wurde.

Den 20ten Juli marschierte die Brigade in das Kantonement der Kavallerie bei Mühlberg nach folgendem Etat

1 Major	v.Großmann		mit	4 Pferden
1 Adjutant	Vogel		ʼʼ	3 ʼʼ
2 Capitains			ʼʼ	4 ʼʼ
4 Offiziers			ʼʼ	8 ʼʼ
2 Sergeanten	per Batterie	1	mit	2 Pferden
2 Chirurgen	ʼʼ	1	ʼʼ	-----
2 Fouriers	ʼʼ	1	ʼʼ	2 ʼʼ
12 Korporals	ʼʼ	6	ʼʼ	12 ʼʼ
4 Trompeter	ʼʼ	2	ʼʼ	4 ʼʼ
134 Mann	ʼʼ	67	ʼʼ	134 ʼʼ
2 Schmiede	ʼʼ	1	ʼʼ	-----

sowie vom Train

1 Offizier (Leutnant Busch)			mit	1 Pferd
2 Sergeanten	per Batterie	1	ʼʼ	2 ʼʼ
6 Korporals	ʼʼ	3	ʼʼ	6 ʼʼ
66 Trainsoldaten	ʼʼ	33	ʼʼ	132 ʼʼ incl.
				4 Res.pferde

241 Mann		mit	314 Pferden

Jede Batterie führte 6 Geschütze, 4 Munitionswagen und einen Deckenwagen mit und wurden per Piece 50 blinde Schuß ausgegeben.

Die Mannschaften erhielten Feldflaschen dazu und wurden Feldkessel auf Wagen mitgeführt.

Premier-Leutnant Knauth und Sous-Leutnant Wehlmann blieben mit dem Rest der Brigade in ihrem Kantonement bei Dresden.

Den 23ten Juli fand das Manöver vor Sr. Majestät statt und rückte die Brigade den 25ten Juli im früheren Kantonement in Dresden wieder ein.

Die Brigade hatte sich bei diesem Manöver sehr ausgezeichnet und wir erlauben uns die in Folge dessen erlassene Ordre vom Divisionär der Kavallerie, Generalleutnant von Gutschmidt anzuführen, um als Beweis des damaligen Zustandes der Brigade zu dienen.

„Für Ew. Hochwohlgeboren des Majors v. Großmann, der beiden Batterie Kommandanten und sämtlichen Offiziers der reitenden Artillerie so tätige Mitwirkung bei dem vor Sr. Majestät dem König erecutirten Kavallerie Manövern fühle ich mich verpflichtet, meinen aufrichtigen Dank abzustatten.

Beide Batterien erecutirten mit Schnelligkeit und Ordnung und die Kommandanten derselben hatten die Idee des Manövers vollkommen aufgefasst.

Ich werde mich stets glücklich schätzen, eine so vortreffliche Brigade wieder unter meine Befehle zu bekommen, um sie erwartungsvoll jeder Be ‖ stimmung entgegenzuführen.

Dresden den 26ten Juli 1811

Gutschmidt“

Den 3ten September 1811 rückte die Brigade wieder in ihre Garnision Radeburg und wurde Ebersbach, Friedelsdorf, Ober- und Nieder-Rödern und Dittmannsdorf mit belegt.

Wir fügen hier nur noch hinzu, dass zur Sicherung der Straße während der Michaelis Messe zu Leipzig ein Kommando von

1 Unteroffizier

9 Mann   mit 10 Pferden

nach Königsbrück verlegt, ein Teil der Geschütze wieder an das Hauptzeughaus abgegeben wurde und die 2 Batterien mit demselben Etat wie nach Mühlberg, den 7ten und 8ten November zu einem Feldmanöver nach Königsbrück ausrückte. ‖

Beilage I   Dresden am 09ten März 1810

Ew. Hochwohlgeboren werden bereits die allerhöchste Ordre mehrere Avancements und Dimissions betreffend erhalten, auch daraus ersehen haben, dass die reitende Artillerie der meinen Befehlen untergebenen Division, zugeteilt worden ist.

Ich übertrage demnach demselben bis auf weitere Ordre das Kommando der ganzen Brigade reitender Artillerie und werden sie ihre Rapports an den General-Leutnant Thielmann, indem sie dessen Brigade zugegeben sind, einzusenden und fernerer Befehle von demselben gegenwärtig zu sein, hiermit angewiesen.

Der Leutnant von Hiller, der indessen sein Kommando nach wie vor behält, ist bereits von mir an Ew. Hochwohlgeborenen Befehle verwiesen.

Auch erhalten dieselben beigefügt eine neuerdings eingegangene allerhöchste Ordre, mehrere in der Armee festgestellte Einrichtungen und Verfassungen betreffend.

Ich mache Ew. Hochwohlgeboren bekannt, dass alle Rapports, so ökonomische Gegenstände betreffen, an den Chef des Königl. General-Stabes, Generalmajor von Gersdorf einzusenden sind.

                         Freiherr von Gutschmidt
An   General Leutnant
den Herrn Major
von Großmann
Hochwohlgeboren

Beilage II   Dresden, am 12ten April 1810

Da vom 1ten Mai an, die neue Einrichtung bei den Regimentern eintritt und mit ihr eine neue Verpflegungsart anhebt, so ermangele ich nicht Ew. Hochwohlgeboren folgendes vorläufig bekannt zu machen :

1.) Es ist vom 1ten Mai a.c. an, der Mannschaft die Löhnung nach dem noch folgenden Entwurf zu reichen. Der bisher übliche Löhnungs-Zuschuß fällt ganz weg, dagegen wird:

2.) der diensttuenden Mannschaft täglich 1½ Pfund Brot gereicht werden. Der Brotzuschuß nach den Marktpreisen hört auf.

3.) In Ansehung der Beurlaubung wird angenommen, dass incl. des neuen Etats der Batterie 40 Gemeine beurlaubt sind. In diesem Verhältnis wird auf die präsente Mannschaft die Löhnung und die Anweisung der Naturalien erfolgen.

Sollte bei einer Batterie der Fall eintreten, dass sich weniger Mannschaft zur Beurlaubung fände, so ist darauf Rücksicht zu nehmen, dass bei der anderen Batterie mehrere Leute beurlaubt werden, damit im Ganzen obiges Verhältnis der Diensttuer nicht überschritten werde. (Ich kommuniziere dieses Punktes wegen soeben mit den Divisionärs, damit dieses mit ihrer Zustimmung erfolge, die Kavallerie betreffend).

Die zum Brot nötigen Materialien werden pro Mai nachstehends angewiesen werden. Der Transport ist wie bisher durch Vorspann vom Lande zu bewerkstelligen, die Vermahlung und Verbackung wird nach der noch zu erhaltenden Bestimmung besorgt.

4.) Vom 1ten Mai sind folgende Ausfütterung-Sätze anzunehmen:
Ein Kürassierpferd erhält täglich
1½ Metze Hafer, 4 Pfund Heu und monatl. 9 Gebd. Stroh à 18 Pfund

Ein Dragoner, Husaren und reitendes Artilleriepferd täglich
1¼ Metze Hafer, 4 Pfund Heu und monatl. 9 Gebd. Stroh à 18 Pfund

Der Hafer wird wie bisher bei den Magazinen angewiesen, wegen des Rauchfutters hingegen wird die Verfügung getroffen werden, dass solches von denjenigen Lieferanten geschehe und Aufschläge werden mit nächster Post erfolgen.

5.) Avertiere ich Ew. Hochwohlgeboren vorläufig, dass Sr. Königl. Majestät vom 1ten Mai an, bei der reitenden Brigade

1 Major	3 Rationen
1 Capitain	2 Rationen
1 Leutnant	2 Rationen
1 Adjutant	2 Rationen

zu dem Satz von 1½ Metze Hafer, 4 Pfund Heu täglich und monatl. 9 Bund Stroh à 18 Pfund reichen zu lassen, resolviert haben.

Der Hafer wird in Natura angewiesen, dass Heu und Stroh aber im Gelde und zwar das Heu zu 16 Groschen, das Schock Stroh zu 3 Thalern vergütet werden, so lange nicht eine andere Einrichtung an der Rauchfutter-Verpflegung getroffen wird.

von Gersdorf

An den Herrn Major
von Großmann   Hochwohlgeboren

Beilage III

Auswurf was bei der reitenden Artillerie-Brigade von dem auf jeden Gemeinen m. 7 Thl. 5 Gr. 6 1/2 Pf. jährl. oder 14 Gr. 5 13/24 Pf. monatl. Unteroffizier m. 10 Thl. 12 Gr. 6 ¾ Pf. jährl. oder 21 Gr. 9/16 Pf. monatl. ausgesetzten Beimontierungsgeld für Beimontierungstücke zu bestreiten sind

Benennung der Stücke	Kosten			sind	betragen jährl.		
	Thl.	Gr.	Pf.	haltba	Thl.	Gr.	Pf.
1 Gemeiner erhält							
2 Hemden	1			1	1		
1 Halsbinde mit Streifchen		4		1	4		
1 paar lange weiße Tuchhosen, als	1	21	1/2	1	1	21	1/2
1 Th 11 Gr. Pf f. 13/4 Ellen weißes Tuch							
1 ' 10,5 ' f. 3/4 Ell. graue Leinwand							
10 ' f. 10 St. bleierne Knöpfe							
1 ' 4 ' für 4 Ellen Zwirnband							
6 ' zum Macherlohn							
1 paar Charivari nämlich	3	7	6	3	1	2	6
1 Thl 18 Gr. Pf. für 2 Ellen graues Tuch							
5 9 für 1/4 Ellen Farbentuch							
3 9 f.11/2 E. graue Leinwand							
18 zum Lederbesatz							
10 zum Macherkohn							
1 paar Stiefel mit Anschraubsporen	3	16		2	1	20	
1 paar Vorschuhe	1			2		12	
2 paar Sohlen		8		2		4	
1 paar Strümpfe		10		2		5	
1 Federstutz		6		2		3	
1 Fouragiermütze		6		1		6	
Summa für 1 Gemeinen					7	5	6 1/2
Überdies bekommt							
ein Unteroffizier an Beimontierungsstücken							
1 Hemd		12		1		12	
1 Halsbinde mit Streifchen		4		2		2	
1 pr. lange weiße Tuchhosen n. obigem Detail	1	21	1/2	2		22	6 1/4
1 paar Stiefel mit Anschraubsporen	3	16		4		22	
1 paar Vorschuhe	1			4		6	
1 paar Sohlen		4		2		2	
Zur Unterhaltung der Tresse am Tschako						10	
1 paar Strümpfe		10		4		2	6
					3	7	1/4
Summa für 1 Unteroffizier					10	12	6 3/4

mithin monatlich — Thl. 14 Gr. 5 13/24 Pf. für 1 Gemeinen

und monatlich — Thl. 21 Gr. 27/48 Pf. für 1 Unteroffizier

Verpflegungs-Auswurf

für die reitende Artillerie-Brigade auf den Friedenfuß nach der neuen Wirtschaftsverfassung

			monatlich			Rations	
			Thl.	Gr.	Pf.	à	Su.
Tractament							
1 Major und Kommandeur			125				3
1 Adjutant incl. Schreibmaterialien			33				2
1 Capitain 1ter Klasse			100				2
1 Capitain 2ter Klasse			50				2
2 Premier-Leutnants	à	25 Thl.	50				4
4 Sous-Leutnants		20 '	80				8
		Summa des Tractaments	438				21
Löhnung und Hufbeschlag							
2 Sergeanten	beritten	à 10 Thl. Gr. Pf.	20				
4 Feuerwerker	beritten	" 7 " 12 "	30				
16 Korporals	beritten	" 6 " 12 "	104				
2 Fouriers	unberitten	" 7 " 12 "	15				
2 Chirurgen	unberitten	" 10 " "	20				
4 Trompeter	beritten	6 " 12 "	26				
1 Sattlergeselle	unberitten		5	21			
1 Wagnergeselle	unberitten		5	21			
2 Hufschmiede	unberitten	" 5 " 21 "	11	18			
40 Oberkanoniers	beritten	" 3 " 19 " 4 "	152	5	4		
160 Unterkanoniers	beritten	" 3 " 2 "	481	2	8		
234 Mann mit 226 Pferden		Summa der Löhnung	871	20			

Nota: Auf obige 226 Pferde werden jedoch in Friedenszeiten nur 115 Pferde präsent gehalten.

							monatlich			
Übrige Gebührnisse										
Beimontierungsgeld auf 204	à		Thl 14	Gr. 5	13/24 Pf.		Thl.	Gr.	Pf.	
Gemeine	=	122 "	22 "	2	1/2 "					
" auf 30 Unteroffiz. incl. Zuschuß	à		21 "		47/48 "					
	=	26 "	7 "	4	7/8 "		149	5	7	3/8
Medicinalgeld auf 234 Mann	à		1 "	6	"					
Zu successiver Anschaffung des Lederwerks und Pferdeequipage als										
14 Reitequipagen jährlich	à	23 "	10 "	7	"		27	8	4	1/6
20 St. Degelkoppels m. Schnallen		1 "	12 "				2	12		
14 Patronentaschen mit Beschlag		1 "	16 "				1	22	8	
28 paar Handschuhe			12 "				1	4		
50 Stck Pallaschriemen			3 "					12	6	
20 Stck Mantelsäcke		1 "	9 "				2	7		
226 Fouragierleinen			7 "				5	11	10	
113 Futtersäcke			6 "				2	8	6	
226 Tornister			2 "				1	13	8	
48 Striegel			8 "				1	8		
113 Kartätschen			6 "				2	8	6	
<u>Quartiergeld auf Oberofficiers als</u>							Thl.	Gr.	Pf.	
1 Major	à	4 Thl	16 Gr.	6	Pf.					
2 Capitains	à	3 "	18 "							
	=	7 "	12 "							
1 Adjutant	à	2 "	8 "	3	"					
6 Leutnants	à	2 "	8 "	3	"					
	=	14 "	1 "	6	"		28	14	3	
<u>Dergleichen für Unterofficiers und Gemeine</u>										
115 Berittene	à	"	15 "							
	=	71 "	21 "							
119 Unberittene	à	"	8 "							
	=	39 "	16 "				111	13		
Dergleichen auf 1 Wachstube							1	21		
Fouragegeld										
auf 21 Offcierspferde	à	5 "	"		6/11 "					
auf 115 Dienstpferde		4 "	8 "	9	6/11 "		607	4	5	6/11
Brodgeld auf 234 Mann			21 "	3	"		207	4	6	
Kleidergeld auf 234 Mann			8 "	9	113/234		85	16	11	
Dem conseil administrativ zur Bestreitung der Roßkuren, Reparatur, und Unterhaltung der Gewehre, Trompeten, Wagen und Geschirr incl. zu Gerichtskosten, Porto und Schreibutensilien auf Berechnung							125			
						Summa	1.379	19	8	161/264

244 Mann mit 115 Pferden Summa Summarum	2.689	15	8	191/264

Nota: in denen Commissarischen Gebührniß-Auswürfen ist:

a)		Die Löhnung auf 80 Beurlaubte, als 20 Ober- und 60 Unterkanoniers 9 Monate lang im Jahr, so wie

b)		Das Quartiergeld, von den in Infanterie-Städten einquartierten Unteroffiziers und Gemeinen, in gleichen

c)		Der Hufschlag auf die als beritten angesetzten, aber dermalen unberittenen Mannschaften außer Ansatz zu lassen, und

d)		Das Brot nur auf die wirklich präsenten Mannschaften zu verabreichen.

Dresden, am 13ten April 1810
Friedrich August

Beilage IV					Dresden am 15ten April 1810

Ew. Hochwohlgeboren habe ich unter den 11ten benachrichtigt, welche Ausfütterungs-Sätze mit 1ten Mai a.c. angenommen werden sollen und in dem ich Sie ersuche das deshalb Nötige anzuordnen, mache ich noch folgendes bekannt:

Das Bedürfnis an Körnern wird wie bisher den Regimentern aus den Landmagazinen angewiesen werden, und es sind die diesfallsigen Bedarfs-Anzeigen fernerhin so einzureichen, wie solches seither geschehen.

In Ansehung des Rauchfutters wollen Sr. Majestät, dass solches nicht mehr wie bisher für die möglichst billigen Preise (unter denen jedoch immer ein Gewinn für die Kompanieinhaber begriffen war) gegen Atteste oder Kontrakte erlangt werde, sondern es soll durch einen Batterie-Kommandanten von der gehörigen Güte gewissenhaft angeschafft und dabei das Allerhöchste Interesse ‖ möglichst berücksichtigt werden. Damit solches im strengsten Sinne ausgeführt und sowohl er aller Verantwortung entgegen als auch ich sicher gestellt sei, ist diese Maßregel durch mitfolgenden Vorschlag in der Garnision öffentlich bekannt zu machen, welches Sie zu besorgen die Güte haben werden.

Sonder Zweifel werden sich mehrere zur Übernahme diesfallsiger Lieferung finden, es ist jedoch nur auf solche Rücksicht zu nehmen, welche die billigsten Forderungen machen, als reale Männer bekannt sind und deren Verhältnisse zugleich hinlängliche Sicherheit gewähren.

Wegen der Kürze der Zeit ist mir keine weitere Anzeige der Preise zu machen, sondern Sie haben ohne weiteres den Bedarf auf einen Monat zu kontrahieren, auch auf die folgenden zwei Monate zu bedingen, und mir sodann Rapport zu erstellen.

Die Bezahlung wird halbmonatlich, dergestalt erfolgen, dass z.B. die Lieferanten medio Mai die bis dahin geleistete Lieferung und so weiter bezahlt erhalten.   von Gersdorf

An den Herrn Major von Großmann

Beilage V   Dresden, den 19ten April 1810

Es ist wegen Erlangung des Brodkorns und Hafers zur Verpflegung pro Mai d.J. die Verfügung getroffen worden, dass der reitenden Artillerie-Brigade das ohngefähre Bedürfnis auf Berechnung folgendermaßen verabreicht werden soll :

Es erhält also dieselbe Korn und Hafer aus dem Magazin zu Dresden.

Nach der Einrückung der 2ten Batterie in die neuen Quartiere ist sofort eine pflichtmäßige Anzeige über den wirklichen Bestand der Mannschaft und Pferde, nebst genauer Berechnung über die entnommenen Naturalien, wobei jedoch die Offiziers-Rationen von denen für die Dienstpferde zu separieren sind, an mich einzureichen.

Übrigens sind künftighin wie bisher zu Anfang jedes Monats, die Berechnung über die im verflossenen Monat nötig gewesenen Naturalien an Brod, Korn und Fourage, sowie die Anzeigen des Bedürfnisses auf den künftigen Monat, nach den neuen Sätzen einzureichen. Brod-Taxen fallen nunmehr weg.

Mit Ultimo April hören die Brod-Rationen der Subalternoffiziers auf.

                    von Gersdorf
An den Herrn Major von Großmann   Hochwohlgeboren

Beilage VI   Dresden den 9ten Mai 1810

<u>Instruktion für den Kommandanten der reitenden Artillerie-Brigade</u>

1.Derselbe ist im Dienst und Exerzieren sowie allen übrigen Kommando-Angelegenheiten an die unmittelbaren Befehle des kommandierenden Obristen der Fuß- Artillerie in erster Instanz, in allen wirtschaftlichen Verhältnissen aber an die Befehle des General Majors von Gersdorf gewiesen.

2.In Rücksicht des Reitens und der Pferdewartung und überhaupt alles dessen, was auf den Dienst der Kavallerie ein Bezug hat, ist die reitende Artillerie der besonderen Aufsicht des Divisionärs der Kavallerie unterworfen.

3.Die wirtschaftliche Behörde der reitenden Artillerie ist das Conseil administrativ der Fuß- Artillerie. Der Kommandant der reitenden Artillerie trägt jedoch alle besonderen wirtschaftlichen Verhältnisse seiner Waffe dem General Major von Gersdorf unmittelbar vor.

4.Der Kommandant der reitenden Artillerie- Brigade darf keine Veränderungen von Dienst und Exerzieren vornehmen, ohne sie vorher dem kommandierenden Obristen der Artillerie anzuzeigen.

5.Gleich den übrigen Kommandanten einer Truppe wird es auch ihm zur Hauptpflicht gemacht, auf die besondere Bildung der Offiziere, Unteroffiziere und Gemeinen, seinen ganzen Fleiß zu verwenden.

6.Da der Ersatz an Mannschaften für die reitende Artillerie gewöhnlich aus der Fußartillerie geleistet wird, so hat der Kommandant der reitenden Artillerie das Recht, diejenigen Mannschaften, welche sich nicht zu seiner Waffe eignen, zur Austauschung mit schicklicheren Subjekten, dem kommandierenden Obristen der Fuß- Artillerie in Vortrag zu bringen.

7.Insofern sich in der reitenden Artillerie selbst taugliche Subjekte zu Unteroffiziers finden, bringt sie der Kommandant derselben bei dem kommandierenden Obristen der Fußartillerie in Vortrag.

Carl Friedrich Wilhelm von Gersdorf

General Major und Chef des Generalstabes Sr. Majestät

Beilage VII   Dresden, den 10ten Juli 1810

Da Sr. Majestät nach der neuen Formierung den Offiziers die nötigen Rationen zur Verpflegung der Dienstpferde reichen lassen, so habe ich bei dem gleichen Finanz- Collage den Wegfall der bisher bei der eigenen Anschaffung der Fourage von den Offiziers zu bezahlen gewesenen fixen Preise dergestalt bewirkt, dass solche auf die Reglementsmäßig zu erhaltenden Pferde nicht entrichtet werden soll.

Ich stehe nicht an, Ew. Hochwohlgeboren dies zur weiteren Verfügung zu eröffnen.   von Gersdorf

An den Herrn Major von Großmann Hochwohlgeboren

Beilage VIII   Dresden, am 30ten Juli 1810

Ew. Hochwohlgeboren eröffne ich hiermit, dass von renta bisher bezahlter Accise von denen Offizierspferden, welche reglementsmäßig gehalten werden können, wegen des in natura gereicht werdenden Hafers vom Monat Mai d.J. an 1 Gr 6 Pf wegfällt und bloß wegen des annoch anzuschaffenden Rauchfutters auf jedes Pferd monatlich zu bezahlen ist.

von Gersdorf

An

den Herrn Major von Großmann
Hochwohlgeboren

Beilage IX   Dresden, den 8ten März 1811

Ew. Hochwohlgeboren erhalten beifolgend 13 Exemplare von dem neuen Kavallerie- Exerzier- Reglement von welche

  1 für Ew. Hochwohlgeboren
10 für die reitende Artillerie- Brigade
 2 für die Offiziers des Trainbataillons
bestimmt sind.

Die in diesem Reglement enthaltenen Vorschriften die Reiterei, Zäumung, Beschläge, satteln und Packen etc. betreffend, welche bei dieser Truppen- Abteilung anwendbar sind, sollen derselben zur unabänderlichen Vorschrift dienen.

Die Herren Offiziers haben sich überhaupt genau von die Evolutionen der Kavallerie zu unterrichten, da sie oft in den Fall kommen werden, mit selbiger gemeinschaftlich zu manövrieren.

Wenn die reitende Artillerie- Brigade zu Pferde ohne Geschütz ausrückt, so formiert sie eine Eskadron zu 48 Rotten.

Die in dem Reglement enthaltenen Avertisements- Kommandowörter
Eskadron,   halbe Eskadron,   Zug
werden bei selbiger in
Brigade,   Batterie,   halbe Batterie
umgeändert.

Die Zahl dieser Reglements ist jederzeit vollständig zu erhalten, bei jedesmaligem Abgang eines Offiziers hat derselbe das ihm zum Gebrauch gegebene Exemplar zum Stab einzuliefern, damit es von da aus seinem Nachfolger eingehändigt werden kann.

von Gersdorf

An
den Herrn Major
von Großmann
Hochwohlgeboren

---

3.   Die (sächsische) reitende Artillerie in den Jahren 1812 und 1813[2]

<u>Einleitung</u>

Meine vorjährige Ausarbeitung schloß mit dem Jahr 1811 der kriegsgeschichtlichen Darstellung der sächsischen reitenden Artillerie.

Indem ich die Fortsetzung derselben, welche die Jahre 1812 und 1813 in 2 Abschnitten in sich fasst, vorzulegen mir erlaube, bemerke ich, dass ich zu derselben, außer den mir von mehreren in jenem Zeitraum dienenden Offizieren der reitenden Artillerie mitgeteilten Nachrichten und Schriften so mir in den Archiven enthaltenen Nachweisungen, folgende Bücher benutzt habe:

1.)   Die Feldzüge der Sachsen in den Jahren 1812 und 1813 von einem Stabsoffizier des kgl. sächs. Generalstabes

2.)   Sachsen und seine Krieger in den Jahren 1812 und 1813

3.)   Erinnerungen aus dem Feldzuge des sächs. Korps unter dem General Grafen Reynier im Jahre 1812, aus den Papieren des verstorbenen General Leutnants von Funk, nebst der Berichtigung dieser Schrift

4.)   Den historisch-topographischen Wegweiser in die Gegend und auf die Schachtfelder von Leipzig

5.)   Die Ranglisten von 1812 und 1813 ‖

---

[2] Der Originaltitel dieses Abschnittes lautet „II.Teil die Jahre 1812 und 1813 umfassend als Ausarbeitung auf das Jahr 1837“

I. Abschnitt

3.1.   Die (sächsische) reitende Artillerie im Jahre 1812

Im Monate Februar wurden die sächsischen Truppen bei Guben zusammengezogen, welche in dem Feldzuge gegen die Russen, zu den Franzosen und deren Verbündeten stoßen sollten.

Das sächsische Kontingent unter dem Kommando Sr. Excellenz des General Leutnants Edlen von LeCoq bestand aus:

21.383 Mann, 7.173 Pferde und 56 Geschütze; war in 2 Divisionen geteilt und sollte unter dem Oberbefehl des französischen Divisions Generals Grafen Reynier das 7te Armeekorps der großen französischen Armee bilden.

Die ganze bei diesem Korps befindliche sächsische Artillerie unter Kommando des Oberst Leutnant von Hoyer bestand aus:

2 reitenden 6pfd.gen Batterien zu 6 Geschützen

4 6pfd.gen Fuß-Batterien zu 6 Geschützen

20 Stück 4pfd.ge Kanonen bei den Regimentern

Die erste reitende Batterie unter Hauptmann von Roth ward der, bei der 1ten Division (der 21ten Division der französischen großen Armee) unter Befehl des General Leutnant von Funk, später General Major von Gablenz, stehenden Reiter Division am Bestande: ‖

4 Schwadronen	Prinz Clemens Ulanen	664 Mann	628 Pferde
4 ″	von Polenz Dragoner	664 ″	628 ″
8 ″	Husaren	870 ″	832 ″

zugeteilt, so wie die zweite reitende Batterie unter Hauptmann von Hiller der bei der 2ten Division (der 22ten Division der französischen großen Armee) unter General Leutnant von Thielmann bestehend aus:

4 Schwadronen	Garde du Corps	664 Mann	628 Pferde
4 ″	von Zastrow Kürassiere	664 ″	628 ″
4 ″	Prinz Albrecht Dragoner	664 ″	628 ″

.

Der Kommandant der reitenden Artillerie, Major von Großmann war zum Kommandanten der bei der 1ten Division der sächsischen Armee stehenden Artillerie bestimmt.

Den 8ten Februar ward die reitende Artillerie nach folgendem vom Kommandanten der mobilen Artillerie Oberst Leutnant von Hoyer gegebenen Entwurf formiert, welcher in Hinsicht der Mannschaft und Pferde gleich dem vom 2ten Mai 1811 war.

Entwurf

zur Ausrüstung von 2 reitenden Batterien und sämtlich dazu benötigten Fuhrwesen zum Transport der Munition und Requisiten, wie auch Artillerie und Train Personale mit dem 8ten Februar als Formierungstag

A.) 1te reitende Batterie zur 1ten Division

4 Stück   6pfd. Kanonen à 6 Pferde Bespannung beträgt
12 Trainsoldaten und 24 Pferde

2 ″   8 ″   Haubitzen à 6 Pferde Bespannung beträgt
6 ″   12 ″

6 ″   6 ″   Munitionswagen à 6 Pferde Bespannung beträgt
18 ″   36 ″

4 ″   8 ″   Granatwagen à 6 Pferde Bespannung beträgt
12 ″   24 ″ ‖

1 Requisitenwagen à 6 Pferde Bespannung beträgt
3 ″   6 ″

1 Feldschmiede á 4 Pferde Bespannung beträgt
2 ″   4 ″

1 Kompaniewagen à 4 Pferde Bespannung beträgt
2 ″   4 ″

Summe	55 Trainsoldaten	110 Pferde
Reserve	3 ″	6 ″
Summe	58 Mann	116 Pferde

B.) 2te reitende Batterie zur 2ten Division

4 Stück   6pfd. Kanonen à 6 Pferde Bespannung beträgt
                                    12 Trainsoldaten und 24 Pferde
2 ''   8 ''   Haubitzen à 6 Pferde Bespannung beträgt
                                    6 ''   12 ''
6 ''   6 ''   Munitionswagen à 6 Pferde Bespannung beträgt
                                    18 ''   36 ''
4 ''   8 ''   Granatwagen à 6 Pferde Bespannung beträgt
                                    12 ''   24 '' ‖
1 Requisitenwagen à 6 Pferde Bespannung beträgt
                                    3 ''   6 ''
1 Feldschmiede á 4 Pferde Bespannung beträgt
                                    2 ''   4 ''
1 Kompaniewagen à 4 Pferde Bespannung beträgt
                                    2 ''   4 ''
             Summe   55 Trainsoldaten   110 Pferde
                        Reserve   3 ''   6 ''
             Summe   58 Mann   116 Pferde

C.) Artillerie Personale zu zwei reitenden Batterien
    1 Kommandant
    1 Adjutant
    2 Capitains
    4 Offiziers
    2 Sergeanten
    2 Feuerwerker (zu denen zurücklassenden Munitionswagen à 1
per Batterie)
    2 Fouriers
   12 Korporals
    2 Chirurgen
    4 Trompeter
    2 Schmiede
   28 Ober- Kanoniers   )
122 Unter- Kanoniers   ) incl. 10 Mann Reserve per Batterie
184 Köpfe in Summe

D.) 3te reit. Batterie zur 3ten Division – Personal dieser Batterie

  2 Offiziers
  2 Feuerwerker
  4 Korporals
 12 Ober- Kanoniers
 <u>38 Unter- Kanoniers</u>
 58 Köpfe in Summe

Gustav von Hoyer
Oberst Leutnant ‖

Am Formierungstage als den 8ten Februar trafen noch die fehlenden Trainsoldaten mit den Bespannungspferden, sowie per Batterie 2 Ouvriers und 3 Klepper ein, durch letztere wurde der Chirurg, der Fourier und der Schmied jeder Batterie beritten gemacht; die Ouvriers fuhren auf den Feldschmieden. Die noch fehlenden Geschütze und Wagen waren schon vorher eingetroffen.

Den 10ten Februar marschierte die reitende Artillerie nach Königsbrück und von Radeburg ab und zwar:

1 Major	Friedrich Gustav von Großmann
1 Adjutant	Premier-Leutnant Johann Heinrich Vogel

<u>1te Batterie</u>

1 Capitain	Johann August Heinrich von Roth		
1 Premier-Leutnant	Johann Friedrich Knauth		
1 Sous-Leutnant	August Friedrich Schumann		
1 Sergeant		mit	1 Pferd
1 Feuerwerker		′′	1 ′′
1 Chirurgen		′′	1 ′′
1 Fouriers		′′	1 ′′
6 Korporals		′′	6 ′′
2 Trompeter		′′	2 ′′
14 Oberkanoniers		′′	14 ′′
61 Unterkanoniers		′′	61 ′′
1 Schmied		′′	1 ′′
Summa 3 Offiziers, 88 Mann		mit	88 Pferden

<u>2te Batterie</u>

		mit	
1 Capitain	Carl Friedrich Freiherr von Hiller		
1 Sous-Leutnant	Gottlob Ernst Eckhardt		
1 Sous-Leutnant	Carl Christian Hörnig		
1 Sergeant		mit	1 Pferd ‖
1 Feuerwerker		″	1 ″
1 Chirurgen		″	1 ″
1 Fouriers		″	1 ″
6 Korporals		″	6 ″
2 Trompeter		″	2 ″
14 Oberkanoniers		″	14 ″
61 Unterkanoniers		″	61 ″
1 Schmied		″	1 ″

Summa 3 Offiziers, 88 Mann   mit   88 Pferden

Anm. Die Diener mit Dienstpferden beritten.

Außerdem rückten noch per Batterie 2 Ouvriers und die eben unter A.) und B.) erwähnten Geschütze und Fuhrwesen nebst Bespannung aus, so wie per Batterie 1 Trainoffizier, 6 Train-Unteroffiziere mit 6 Pferden.

Zu diesem Etat kam ferner noch per Batterie eine 6pfd.ge Kanonen-Vorrats-Lafette und dazu 1 Train-Soldat mit 2 Pferden.

Auf höheren Befehl musste die Mannschaft stets auf 3 Tage mit Futter und Brot versehen sein. Der Fourage-Vorrat ward durch ausgeschriebene Wagen transportiert.

Als Bestimmung galt, dass per Batterie 3 Weiber mitgenommen werden durften.

Im Depot zu Radeburg verblieben nach dem unter D.) nach dem Entwurfe aufgeführten Etat:

		mit	
1 Premier-Leutnant	Friedrich Gottlob Probsthayn		
1 Sous-Leutnant	George Andreas Wehlmann		
3 Feuerwerker incl. zweier aggr.		mit	3 Pferden
4 Korporals		″	4 ″
10 Oberkanoniers		″	10 ″
39 Unterkanoniers		″	38 (1 Pferd fehlt)

Summa 2 Offiziers, 56 Mann   mit   55 Pferden mit
4 Geschützen sowie   ‖
   1 Unteroffizier   ″   1 ″)
  12 Trainsoldaten   ″   24 ″) v. Train.

Von diesem Bestande waren 2 aggr. Feuerwerker und 1 Korporal in die Artillerie-Akademie und 2 Ober-Kanoniers als Ordonnanz kommandiert.

Der Kommandant des Depots Premier-Leutnant Probsthayn wurde unter die unmittelbaren Befehle des Kommandanten der Artillerie Oberst Birnbaum gestellt, den 21ten März bezog dieses Depot ein Kantonnement in Eisenberg, und den 30ten März in Wahnsdorf und Boxdorf, von wo es den 20ten April wieder in Radeburg einrückte.

Die beiden reitenden Batterien brachen später von Königsbrück auf und stießen zu dem bei Guben versammelten sächsischen Kontingent, wo in der Mitte März General Reynier eintraf und das Kommando übernahm.

Den 28ten März marschierte das sächsische Kontingent aus der Gegend von Guben ab, überschritt die sächsische Grenze und rückte in 3 Kolonnen über Crossen, Züllichau, Grünberg, Neusalza, Fraustadt, Lissa und Gostyn bis gegen Kalisch vor, wo es den 8ten und 9ten April eintraf.

Von hier musste auf Napoleons Geheiß die Regimenter Garde du Corps und von Zastrow Kürassiere nebst der 2ten reitenden Batterie von Hiller unter Kommando des‖ General Leutnants von Thielmann, als die 20te schwere Reiter Brigade zur Großen Armee abgehen, nachdem das Regiment Prinz Albrecht schon von Karga aus zu dem in Posen zu formierenden dritten Reserve-Kavallerie-Korps stoßen musste.

3.1.1.   Die 2te reitende Batterie von Hiller

Wenden wir uns für jetzt zu der mit den Regimentern Garde du Corps und von Zastrow zur großen Armee abgegangenen 2ten Batterie, welche im Laufe dieses Jahres ein so unglückliches Ende nahm.

Die Garde du Corps und von Zastrow Kürassiere nebst der zweiten reitenden Batterie unter General Leutnant von Thielmann bildeten eine späterhin im Kantonnement bei Macievnice noch durch ein polnisches Kürassier-Regiment verstärkte Brigade der 7ten schweren Reiter-Division, zu deren Befehlshaber der französische Divisions-General de Lorge ernannt wurde.

Die zweite Brigade dieser Division bestand aus dem ersten und zweiten westfälischen Kürassier-Regiment nebst einer westfälischen Batterie.

Diese 7te schwere Reiter-Division formierte nebst der aus 7 polnischen Ulanen-Regimentern und 2 reitenden Batterien bestehenden vierten Division leichter Reiterei das vierte Reiter-Korps unter dem Divisions-General Latour-Maubourg. ‖

Obige Brigade marschierte über Rudniki, Uniejow, Lutomierz, Luczys, Guzow, überschritt am 20ten Mai bei Warschau die Weichsel und traf den 1ten Julli über Macieowice, Ostrow, Lomza und Augustowa in Grodno ein.

Die Truppen hatten wegen Mangel einer richtigen Verpflegung viel auszustehen, für die Pferde musste fouragiert und Anfangs Juni schon für dieselben grünes Korn gemäht werden, nachdem sie schon einige Tage lang die halbe Ration , meistens aus Heidekorn bestehend, erhalten hatten.

Von Mitte Juni an bezog die Brigade während des ganzen Feldzuges Biwaks.

Von Grodno aus folgte die Brigade den Bewegungen des rechten Flügels der großen Armee bis Stuczk, marschierte dann mit dem 4ten Reiter-Korps ohne bestimmte Richtung in Quergängen bis Mohilew, von wo es nach erhaltener fester Bestimmung rechts der großen nach Moskau führenden Straße über Bialasowa nach Ostrogk aufbrach, daselbst am 5ten September eintraf und sich am 6ten September mit der großen Armee vereinigte, nachdem sie am 25ten August bei Chaslawiezi zuerst das altrussische Gebiet betreten hatte.

Durch Mangel an regelmäßiger Verpflegung und durch die anstrengenden Märsche waren die Pferde in keinem besonderen ‖

Zustand, es fehlten deren viel am Bestande, bereits am 23ten Juni fehlten der reitenden Batterie 13 Dienstpferde.

Genauere Nachrichten über den Marsch der Batterie, als aus den Beschreibungen dieses Feldzuges zu ersehen, fehlen und liegen mir nur einige Briefe von dem Hauptmann von Hiller an den damaligen Premier-Leutnant Probsthayn vor. Der eine ist vom 14ten Juni aus dem Kantonnement bei Kaluszyn und Midzialk geschrieben, er erwähnt das Aufhören des Futters für die Pferde, an statt dessen Gras fouragiert wurde, so wie des Mangels an Brot oder vielmehr Zwieback, wohingegen Fleisch und Schnaps im Überfluß vorhanden seien.

Die Lage der Batterie war nicht die Beste, indem die Verträglichkeit mit den polnischen und westfälischen Batterien nicht besonders war. Nach einer von dem General Allix gehaltenen Revue, wo alle Bewegungen in Sektions geschahen, kam der Befehl an die Batterie, anstatt mit 4 stets mit 6 Munitionswagen bei Revuen zu erscheinen und die Pferdehalter nicht absitzen zu lassen, die Batterie hatte bei Abgang des Briefes noch mehr Munitions- und andere Wagen erhalten, so dass sie jetzt 27 Fahrzeuge hatte und die Summe sämtlicher Pferde 253 Stück betrug.

Ein anderer Brief ist aus Mohi‖low vom 17ten August und erwähnt den traurigen Zustand der Batterie, namentlich der Trainpferde, da die Märsche sehr groß und die Wege sehr schlecht seien. Die Verpflegung war ganz schlecht und seit dem 4ten Juni hatten die Leute an diesem Tag das erste mal wieder Geld erhalten, da denn auch die Mannschaften ganz abgerissen waren.

Den Feind hatte sie bis dahin noch nicht gesehen.

Die Division Lorge befand sich den 6ten September Vormittags als dem Tag vor der Schlacht an der Moskwa in der Nähe der am 5ten d. Mts. von den Franzosen erbauten Schanze, zur linken der sogenannten alten von Smolensk nach Mozaisk führenden Straße und also auf dem äußersten rechten Flügel der französischen Stellung und bezog abends einen Biwak in einem Birkenwäldchen, einige tausend Schritt links rückwärts der französischen Stellung, hinter welche sich das Holegka Flüsschen hinzog, wo die Pferde abgesattelt wurden.

Den 7ten früh erhielt die Brigade Befehl zum Aufsitzen, sie ward wegen ihrer guten Haltung bei dem Vorbeimarsch von den französischen Garden lebhaft begrüßt und von dem König Murat als Ober Befehlshaber der Reiterei gemustert.

Nach 6 Uhr früh ward die Division ‖ Lorge auf den Kampfplatz geführt und unter dem heftigsten Feuer von ihr die Höhe von Semonowskoe genommen, was von der Brigade Thielmann mit besonderer Entschlossenheit geschah.

Es ist nicht der Zweck, die Schlacht genau zu beschreiben und wir erwähnen nur noch, dass sich die sächsische Brigade durch das Nehmen der bekannten großen Schanze außerordentlichen Ruhm erwarb, wodurch die Russen zum Rückzug gezwungen wurden. Die reitende Batterie, welche die Brigade unterstützte und viel zu deren Sieg beitrug, verlor an diesem Tag 12 Mann und 23 Pferde, sie hatte 600 Schuß an diesem Tag getan, während sie 12 Stunden im feindlichen Feuer war.

Der Feind war bei seinem auf der großen Straße nach Moskau angetretenem Rückzuge am 8ten September von der Vorhut des französischen Heeres, wobei sich auch die sächsische Brigade befand, lebhaft verfolgt und den 14ten zog, nach vorhergegangenen vielfachen Gefechten, die Vorhut durch Moskaus öde Straßen und lagerte sich jenseits derselben.

Am 16ten brach Murat zur Verfolgung Kutusows gegen Kolomna wieder auf, wandte sich dann gegen Kaluga und bezog dann den 29ten Septbr eine Stellung an der Bachra, wo die sächsische Batterie, während die übrigen Truppen in Dörfern im ‖ Tale lagerten, Abends auf die vor der Bachra befindliche Anhöhe postiert wurde. Den 30ten ereignete sich das Unglück, dass durch einen Schuß der sächsischen Batterie zweien französischen zum Generalstab des Generals Latour Maubourg gehörenden Offizieren die Füße zerschmettert wurden.

Am 2ten Oktbr wurde die Bachra überschritten und der Feind aus Woronow vertrieben, wobei die reitende Batterie Hiller sehr wesentliche und ausgezeichnete Dienste leistete.

Am 3ten Oktober ging das Reiter Korps durch Woronow und am 4ten kam es bei dem Dorfe Winkowo zum Gefecht, wo die feindlichen Reiter-Angriffe durch das Kartätschfeuer der Batterie Hiller zurückgewiesen wurden.

Nach dem Rückzug der Russen vom 5ten lagerte das Reiter-Korps unter General Latour Maubourg bis zum 10ten in der Nähe des Dorfes Czernisno, wo es dann wegen Mangel an Lebensmitteln und Futter aufbrechen musste und seine Stellung auf dem äußersten rechten Flügel von Murats Position rückwärts von Tarratino nahm.

Den 17ten Oktober hatte die Batterie Hiller nur noch wenige berittene Mannschaften und 3 geleerte Munitionswagen mussten ‖ wegen Mangel an Pferden verbrannt werden.

Den 18ten Oktbr wurde Murats Vorhut überfallen und zurückgeworfen, bei Woronowo blieb die Reiterei unter General Latour Maubourg den 19ten, 20ten und 21ten stehen. Von nun an begann der verderbliche Rückzug der großen Armee, am 23ten brach die Reiterei von Woronowo auf und ging bis Malo-Jaroslawice und von da den 26ten bis Borowsk und traf den 1ten November in der Nähe von Wjasma ein.

Bereits an diesem Tage war der Mangel an Pferden bei der Batterie von Hiller so groß, dass derselbe sich um einige 20 Pferde zur Fortschaffung der Geschütze melden musste, welche ihm auch von der Brigade Thielmann geliefert wurden.

Während nun General Latour Maubourg seinen Rückzug auf Nebenwegen fortsetzte, mussten die Geschütze, wegen der schlechten Wege auf der großen Straße fortgehen und vom 2ten November nach Passierung von Wjasma sah die Thielmannsche Brigade die reitende Batterie von Hiller nicht wieder, welche denn auch nach Passierung der sächsischen Brigade von Smolensk am 12ten November als verloren angesehen wurde, da man das Schicksal bei ihrem schlechten Zustand voraussetzen musste. Bei ihrem letzten Erscheinen war jedes Geschütz nur noch mit 2 Pferden bespannt ‖ gewesen und alle Pulverwagen bis auf einen in die Luft gesprengt worden.

Man hat von dem Schicksal dieser ganzen Batterie nie wieder etwas erfahren und ist außer einem Train-Unteroffizier, der jedoch früher in Gefangenschaft geraten war, kein Mann derselben in das Vaterland zurückgekehrt.

Nach einem vorliegenden Vortrag (Beilage III) des Artillerie Obrist Leutnant Hoyer vom 17 Febr 1814 an den General Major Melentin, ward gemeldet, dass nach einer vom Sous-Leutnant Eberhardt vom 3ten provisorischen Linien-Infanterie-Regimente gemachten Anzeige der Sous-Leutnant Eckhardt der zweiten reitenden Batterie im Monat Dezember 1812 in der Gegend von Minsk an Entkräftung verstorben sei, zum Beweis desselben, habe der ebenfalls später verstorbene Leutnant Hörnig von der Batterie, Eckhardts Orden und silbernen Trinkbecher vorgezeigt.

Der letzte Brief des Hauptmanns von Hiller ist vom 1ten November nach der Schlacht von Mosaisk und erwähnt nur den darin erlittenen Verlust.

Hauptmann von Hiller wurde unter dem 3ten Januar zum Major avanciert, doch ihn erreichte ‖ diese Auszeichnung nicht mehr.

Wir verlassen hier die Thielmannsche Brigade, der die Batterie von Hiller zugeteilt gewesen war und wenden uns wieder zu der 1ten reitenden Batterie.

3.1.2.   Die erste reitende Batterie von Roth

Wir verließen dieselbe in der Gegend von Kalisch, welche bei der Reiter-Division von Funk, der einzigen Kavallerie des 7ten Armee Korps stand.

Zum rechten Flügel der großen Armee bestimmt, brach das sächsische Korps den 14ten April auf, marschierte über Rawa und Petrikau und bezog den 24ten April Kanotonierungsquartiere zwischen Nowe-Miasto und Ilza in Galizien.

Das Hauptquartier war in Radom und bildeten die Sachsen den äußersten rechten Flügel der großen Armee, welcher unter dem Oberkommando des Königs von Westfalen aus dem

5ten Armee Korps   (Polen)
7ten   ''   ''   (Sachsen)
8ten   ''   ''   (Westfalen)
4ten Reserve Reiter Korps (Franzosen)   bestand.

Den 21ten Mai ging die reitende Batterie nebst zwei Kompanien leichter Infanterie den vorangegangenen 3 leichten Reiter-Regimentern über die Weichsel bei Borek auf der Schiffsbrücke nach und bezog nebst dem Ulanen-Regiment Kantonierungsquartiere in und um Kurow. ‖

Nachdem Anfang Juni der übrige Teil des sächsischen Korps über die Weichsel gegangen war, ward dasselbe in Echelons von Lublin bis gegen Gura bei Warschau aufgestellt; die leichte Reiter-Brigade stand in Lublin und bezog nach dem Aufbruch des Korps am 16ten Juni Kantonierungsquartiere bei Wengrow und Sokolow den 19ten des Monats.

Indessen setzte die große Armee ihren Marsch gegen den Niemen fort und, um mit derselben in Verbindung zu bleiben, ging das 7te Korps außer der Brigade Klengel bis Ostrolenka und Porok vor, in und bei letzterem Ort stand die Reiterbrigade mit der reitenden Batterie und einem Bataillon leichte Infanterie.

Nachdem der Vortrab am 24ten Juni den Bug überschritten hatte und das 7te Armee Korps später in einem Lager bei Zambrow vereinigt gewesen war, brach dasselbe Anfangs Juli aus demselben auf, ging bei Sierok über die Narew und marschierte über Bialystok, Grodek, Wolkowysk und den 15ten bis Kletzk.

Die reitende Batterie war während dem immer mit der sächsischen Reiterbrigade marschiert und ward vom 6ten Juli an zur Vorhut kommandiert, welche aus der Reiterbrigade unter Kommando des General Majors von Gablenz (der anstatt des verstorbenen General

Leutnant von Funk[3] das Kommando derselben ‖ SEITE FEHLT ‖ die sächsische Reiterei, die österreichische Reiter-Brigade von Zechmeister nebst der Division Le Coq durch das eben erwähnte Holz marschiert und in der linken Flanke des Feindes erschienen, wo dieses Korps auf dem Höhenzug in Schlachtordnung aufmarschierte.

Die reitende Batterie stand vor dem rechten Flügel der sächsischen Reiter-Brigade, welche ihre Stellung auf dem äußersten rechten Flügel, links neben der Reiter-Brigade von Zechmeister mit einer östreichischen Batterie und rechts neben der 1ten sächsischen Division hatte.

Während der Schlacht wurde die sächsische und östreichische Reiterei mehrmals angegriffen, jedoch der Feind stets zurückgeworfen. Die Batterie vereitelte durch ihr wirksames Feuer 8 Stunden lang alle Unternehmungen des russischen linken Flügels, der bedeutend mehr Artillerie bei sich führte, begünstigte die Angriffe unserer Kavallerie sehr und trug dadurch viel zum allgemeinen Sieg bei.

Überhaupt war das Kanonenfeuer sehr lebhaft und mörderisch.

Von der Batterie blieb
1 Unterkanonier   Röber und 8 Reitpferde
sowie mehrere Trainpferde, blessiert wurden
1 Unterkanonier   Marth
1 Train-Corporal   Oertel.

Wir übergehen, wie endlich der Engpass von Podobna durch ein östreichisches Infanterie-Regiment genommen, durch das Vordringen ‖ des mit diesem Regiment vereinigten linken Flügels der Sachsen genommen und die Schlacht gewonnen wurde. Wir fügen nur noch hinzu, dass die reitende Batterie mit der sächsischen und östreichischen Vorhut, die feindliche Nachhut nach Kobryn zu verfolgte und den 13ten das Verbrennen der bei

---

[3] Muss ein Schreibfehler sein, da der Generalleutnant von Gutschmidt gestorben war und nicht Funk. Funk erhielt an Stelle Gutschmidt's das Kommando der 2.Division am 07.06.1812.

Kobryn über die Muchawics führenden hölzernen Brücke durch die Russen verhinderte, welche letzteren über Dywin retirierten.

Die Russen zogen sich auf der Straße nach Wolhynien zurück und bezogen hinter den Fluß Styr in der Gegend von Lutzk eine vorteilhafte Stellung; die Sachsen trafen vor derselben den 4ten September über Luboml nach mehreren Gefechten in Kuselin ein, die Vorhut war zur Deckung der nach dem Großherzogtume Warschau führenden Straße bis Torczin vorgeschoben. Bis zum 23ten September ward diese Stellung nun behalten, wo nun Reorganisierungen stattfanden.

Durch die erhaltenen Verstärkungen der Russen gezwungen, ward der Rückzug der diesseitigen Armee aus Wolhynien am 24ten September hinter die Tura angetreten und den 26ten Septbr die nun zur Nachhut gewordene Vorhut unter General Gablenz nach Turyczany und Hayki gelegt. Den 4ten Oktbr langte das sächsische Korps auf seinem ferneren Rückzuge ‖ in Porzesc an und ging von da vom 10ten zum 11ten Oktbr über die Lesna zurück und nahm jenseits derselben eine ausgedehnte Stellung.

Die Russen waren dem sich hinter der Lesna gesetzten sächsischen und östreichischen Korps nachgeeilt, wandten sich, da sie den linken Flügel für unangreifbar fanden, mit überlegenen Kräften gegen den rechten Flügel und gegen das daselbst liegende Dorf Klinicki. Hier, wo die Sachsen standen und die erste reitende Batterie mit der sächsischen Kavallerie auf den Höhen hinter Koztowice aufgestellt war, ward in dem sehr beengten Terrain das Gefecht sehr mörderisch und die Infanterie litt sehr durch das überlegene Feuer der feindlichen Artillerie. Die beiden Haubitzen der reitenden Batterie wurden deshalb zur Unterstützung gesendet, welche das vom Feind besetzte Klinicki durch Granaten zündeten, wodurch es der Feind verlassen musste und dann von weiteren Unternehmungen abstand.

Mit Einbruch der Nacht ward der Rückzug weiter angetreten und nach Passierung des Bugs den 17ten Oktbr eine Stellung bei Biala genommen, die Vorhut stand in der Höhe der Bialka-Mühle auf der Straße nach Terespol.

Den 18ten entspann sich ein Gefecht bei Welli-Krinki, wo die reitende Batterie mitwirkte und welches mit dem Rückzug des Feindes ‖ endete.

Den 19ten ward der fernere Rückzug auf das linke Ufer des Bugs über die Narew angetreten, welcher letztere Übergang den 4ten und 5ten Novbr von der reitenden Batterie mit der Nachhut bei Narewka und Rudnia ausgeführt wurde.

Während des ferneren Rückmarsches ward den 10ten Novbr unter General v.Gablenz eine Rekogniszierung gegen Rudnia vorgenommen, wozu 4 Geschütze der reitenden Batterie gegeben wurden.

Nach einem Gefecht bei Lapinika, wo die russische Reiterei dem Kanonenfeuer der Batterie weichen musste, ward den 14ten früh beim ferneren Rückmarsch eine Stellung bei Wolkowysk genommen, die reitende Batterie stand hinter der Stadt, wo in der Nacht vom 14ten bis 15ten der feindliche Überfall stattfand.

Den 15ten Novbr stand das Reynier'sche Korps auf den Höhen von Wolkowysk in Position, auf den jenseitigen die stärkere russische Armee unter General Sacken.

Vormittags 9 Uhr griff deren zahlreiche Kavallerie den diesseitigen linken Flügel mit Ungestüm an und es ward daher die Reiterei des Generals von Gablenz nebst der reitenden Batterie jenem Flügel ‖ zu Hilfe gesendet, wo sie von der bedeutend stärkeren Kavallerie sogleich angegriffen wurde. Die gleichzeitig mit der Kavallerie eingetroffene reitende Batterie kam dabei in die gefährdetste Lage, die Nähe des Feindes jedoch nicht achtend, fuhr sie sogleich auf und gab im rechten Augenblick noch ein so wirksames Kartätschfeuer, dass dies den Feind erschütterte. Dadurch ward dem diesseitigen Kavallerieangriff der schönste Erfolg gegeben und den feindlichen Unternehmungen wurden so einige Schranken gesetzt, bis der bedrohte Flügel durch Infanterie und Artillerie verstärkt werden konnte. Die feindlichen Unternehmungen waren vereitelt und wurden die Russen den 16ten aus Wolkowysk und ihrer Stellung, und bis zum 26ten Novbr bis hinter Brezesk zurückgedrängt.

Die Kälte hatte unterdessen nicht nur sehr zugenommen, sondern die Truppen litten auch noch durch den Mangel an Lebensmitteln und allem Nötigen außerordentlich.

Wir übergehen den durch das Vordringen des Admirals Tschitschagow über den Niemen bedingten Marsch nach Rozanna, so wie den infolge der Ereignisse bei der großen Armee hervorgebrachten Rückzug bis gegen den Bug, da der Feind das Korps nicht beunruhigte. Das 7te Armeekorps kantonierte hier, vom 20ten ‖ bis 22ten Dezbr bei Wolizin und sandte von hier aus das gesamte Fuhrwesen, die Kasse und den Artillerie-Park über den gefrorenen Bug nach Ciechanowice zurück.

In dem wir die reitende Batterie nach dem ferneren Rückzuge über den Bug und den 28ten Decbr bis Liw und Wegrow hinter der Liwiec in Polen verlassen, schließen wir das Jahr 1812.

Der Kommandant der Brigade reitender Artillerie Major von Großmann nebst dessen Adjutant Premier-Leutnant Vogel sollen in der Folge, ersterer als Kommandant desselben, zum Hauptpark gekommen sein, es fehlen alle näheren Vorschriften darüber.

Den St.-Heinrichs-Orden erhielt wegen in diesem Feldzuge besonders gezeigter Bravour von der 1ten reitenden Batterie
1 Sous-Leutnant Schumann

Die goldene Verdienstmedaille
1 Corporal   Fiedler

Die silberne Verdienstmedaille
1 Corporal   Wagner
1 Corporal   Terworner
1 Oberkanonier   Beyer
1 Unterkanonier   Hätasch

Von ausländischen Ehrenzeichen erhielt Hauptmann Roth den Orden der französischen Ehrenlegion nach der Schlacht von Podobna.

II. Abschnitt

3.2.   Die sächsische reitende Artillerie im Jahre 1813

3.2.1.   Die 1te reitende Batterie

Zu Anfang des Jahres sehen wir die reitende Batterie bei dem 7ten Armee-Korps noch immer in ihrer alten Stellung, längs des Liwiec, dem feindlichen Korps unter General Sacken gegenüber.

Nachdem das Korps am 3ten Januar sich mehr gegen Warschau zurückgezogen hatte, wurden den 10ten Januar die sächsischen und französischen Vortruppen bestehend aus:

dem Regiment   Polenz Dragoner

dem   ″   Husaren

dem 2ten leichten Infanterie-Regiment

der reitenden Batterie von Roth

150 polnischen neu errichteten Ulanen und

4 französischen Voltigeur-Kompanien unter dem Kommando des Generalmajors von Gablenz bei Wengrow aufgestellt.

Die Russen griffen daselbst mit einiger Infanterie und ungefähr 3.000 Mann Kavallerie von Wengrow kommend die Vorhut an, wodurch die Stellung höchst gefährlich wurde und General Gablenz sich nach dem ungefähr ½ Stunde entfernten Ort Liw zurückzog. Langsam und mit ‖ der größten Ordnung ward diese Bewegung vollzogen und dicht vor Liw hinter dem Flüsschen Liwiec Position genommen, um dem Feind den Übergang über die dortige Brücke zu wehren. Dem General Gablenz standen für den Augenblick nur 3 Kompanien leichte Infanterie, 300 Mann Kavallerie und die Hälfte der reitenden Batterie zu Gebote, doch, da die Russen hier keinen Angriff machten sondern unterhalb Liw über den zugefrorenen Liwiec gingen, ward General Gablenz durch die Flankenbewegung genötigt, sich gegen das 2½ Stunden entfernte Pniewnik zurückzuziehen. Fechtend ward Liw durchschritten, doch jenseits angelangt stürmte die feindliche Übermacht nicht nur auf der Rückzugslinie, sondern von mehreren Seiten auf diese kleine Truppe ein. Dieselbe reitende Batterie marschierte sofort auf und gab ein so wirksames Kartätschfeuer, dass die Straße nach Pniewnik bald frei wurde und General Gablenz jenen Ort glücklich erreichte, wo er Verstärkung fand.

Den 12ten Januar ward eine Stellung mehr gegen Warschau genommen, die Hälfte der reitenden Batterie, nebst dem Regiment Polenz und einem Bataillon Infanterie stand demnach in Kamionka, die andere Hälfte der Batterie ‖ nebst dem Husaren Regiment und 3 Kompanien des 2ten leichten Infanterie-Regiments in Dobce.

Von hier ward den 28ten Januar vereinigt der Rückzug über die Weichsel nach Kalisch angetreten, wo von Warschau aus Generalmajor von Gablenz mit seiner Vorhut, der den 6ten Februar auch noch das 1te leichte Infanterie-Regiment zugeteilt wurde, die rechte Flanke deckte.

Den 11ten Februar, wo die Batterie und das 1te leichte Infanterie-Regiment in Turek lagen, wurden sie Abends überfallen, doch kam kein Russe in den Ort; der Angriff ward abgeschlagen.

In den ersten Tagen Januars erhielt Hauptmann von Roth sein vom 10ten Dezember datiertes Patent als Major und Kommandant der Brigade reitender Artillerie. Major Großmann ward zur Fuß-Artillerie versetzt. Das Kommando der Batterie erhielt der von der Fuß-Artillerie zur reitenden versetzte Hauptmann Carl Moritz Birnbaum.

Desgleichen ward Premier-Leutnant Knauth zum Hauptmann bei der Fuß-Artillerie avaciert und an dessen Stelle hatte sich der Premier-Leutnant Friedrich Maximilian von Brauchitzsch den 30ten Januar während des Standes der Batterie zu Lasczinka ‖ bei Warschau zu derselben versetzt gemeldet.

Den 13ten Februar war das Hauptquartier zu Kalisch und Genral von Gablenz mit seinen Truppen in Zelaskow und Zborow.

Das Korps ward hier in den bezogenen Kantonierungs-Quartieren durch die Russen angegriffen, während dieses Angriffs stand die Vorhut unter General Gablenz und mit ihr die 1te reitende Batterie noch bei Malanow.

Beim Beginn des Gefechtes setzte sich diese Vorhut sogleich gegen Kalisch in Marsch und nahm in Scarzew das vor Borkow geworfene Regiment Polenz nebst den dazu detachierten 3 Geschützen unter Premier-Leutnant von Brauchitzsch, sowie die daselbst aufgestellte französische Brigade Morrey auf. Der Weg nach Opalowek fand sich bereits vom Feind besetzt und daher nach Winiazy marschierend, ward die erwähnte Vorhut von ungefähr 6 feindlichen Schwadronen, doch ohne Erfolg, angegriffen. Die reitende Batterie hatte während dieses kurzen Gefechtes die gegen 250 Schritt breite Schlucht von Wyniary passiert und war jetzt im Begriff, den jenseitigen steilen, engen und glatten Hohlweg hinaufzufahren, als einige nahe folgende französische ‖ Geschütze, die sich noch in der Schlucht befanden, vom Feind angegriffen und genommen wurden. Da in diesem Augenblick sowohl der herab als heraufführende Hohlweg durch Fuhrwerke gesperrt war, übrigens die Sicherheit einzig nur im schnellen Fortmarsch bestand, so konnte in diesem schwierigen Terrain der marschierenden Batterie keine besondere Sicherheits-Bedeckung gewährt werden.

Da die nur noch ungefähr 150 Schritt entfernten feindlichen Plänkler die Batterie, während diese sich mit großer Anstrengung den glatten Hohlweg hinauf arbeitete, leicht angreifen und nehmen konnten, so formierte sich der größte Teil der Bedienung am Eingang des Hohlweges mit gezogenem Säbel und hinderte den Feind am ferneren Vordringen. Durch besondere Tätigkeit des Trainleutnants Herzog erreichte die Batterie die jenseitige Höhe, worauf der zurückgebliebene Trupp schnell durch den Hohlweg ging und die Batterie die vorausmarschierende Vorhut bald wieder erreichte. Da General Gablenz auch auf diesem Wege Kalisch nicht erreichen konnte und von dem 7ten Korps abgeschnitten war, so ging er mit seinem kleinen Korps, welches noch aus den Resten

des Regiments Polenz Dragoner mit	186 Mann mit	174 Pferden
˶˶ Husaren	151 ˶	152 ˶
des 2ten leichten Infanterie-Regiments	418 ˶	‖
des französischen Voltigeur-Regiments	217 ˶	
der reitenden Batterie	85 ˶	125 ˶
in Summe	1.057 Mann m.	431 Pferden

bestand, bei dem Kloster Grabow über die Prosna nach Myslniow in Schlesien, welches er, da es neutral erklärt, wieder verlassen musste und von da nach Czenstochau, dem Hauptquartier des Fürsten Ponaitowsky.

Von hier traf derselbe den 27ten Febr mit seinen Truppen in Proszowice bei Krakau ein, wo er bis den 17ten April, die reitende Batterie zuerst in Proszowice, dann in Prczemikow und zuletzt in Woicza kantonierte und dann durch Böhmen und Mähren, in Sachsen wieder eintraf und den 6ten Juni in Klein-Röhrssdorf, Gomsen etc. bei Dohna, Kantonierungsquartiere bezog.

Das 7te Korps war unterdessen über Glogau und Bautzen nach Dresden zurückgegangen, wo es den 7ten März eintraf.

Major von Roth, welcher sich mit dem Adjutant Vogel im Hauptquartier während des Angriffs bei Kalisch befunden hatte, war nicht mit der Batterie vom Korps abgeschnitten worden, sondern war mit demselben über Glogau nach Dresden zurückgegangen, wo er in Folge der ausgestandenen Strapazen längere Zeit krank lag. ‖

3.2.2. Die 2te reitende Batterie Probsthayn

Wenden wir nun wieder nach Sachsen, wo zu Anfang des Jahres dem sächsischen General Leutnant von Thielmann nach seiner Rückkehr aus Russland die Formierung der noch übrigen Truppen in Sachsen übertragen worden war.

Bereits unter dem 22ten Januar 1813 erließ der Chef des sächsischen Generalsstabs General Leutnant von Gersdorf eine im Anhang mit I bezeichnete Ordre, welche die Herstellung einer reitenden Batterie aus dem Depot anordnete, so wie eine andere Ordre vom 3ten Februar 1813 (Beilage II) die Vermehrung des Feldetats der reitenden Artillerie bestimmte.

Der Bestand der marschierenden Batterie sollte sein:
Artillerie
  1 Premier-Leutnant   mit   2 Pferden
  1 Sous-Leutnant   2 ″

1 Sergeant	1 Pferd
1 Feuerwerker	1 ″
1 Chirurg	1 ″
6 Corporals	6 ″
2 Trompeter	2 ″
60 Ober- und Kanoniere	60 ″
1 Schmied	1 ″
3 Ouvriers	

In Summe 2 Offiziere, 91 Mann mit 92 Pferden (incl. 4 Offz.pferden) ‖

Train

1 Offizier	mit	1 Pferd (Sous-Ltn. Krüger)
1 Sergeant		1 ″
5 Corporals		6 ″
60 Trainsoldaten		120 ″

In Summe 67 Mann und 127 Pferde

an Geschütz und Wagen

  4 Stück 6pfd. Kanonen
  2 Stück 8pfd. Haubitzen
  6 Stück 6pfd. Kugelwagen
  4 Stück 8pfd. Granatwagen
  1 Administrationswagen
  1 Requisitenwagen
  1 Feldschmiede

19 Fuhrwerke

Zur Formierung eines Depots sollte nach Abmarsch der Batterie zurückbleiben:

1 Sous-Leutnant

1 Feuerwerker

1 Fourier

1 Corporal

4 Oberkanoniere

4 ausexerzierte Unterkanoniere, das Übrige Rekruten.

Während nun in Radeburg an der Komplettierung und Ausarbeitung der Batterie gearbeitet wurde, erließ der

Generalleutnant von Thielmann unter dem 8ten Februar aus Cottbus, an den Premier-Leutnant Probsthayn die Ordre, den 12te Februar von Radeburg aufzubrechen und ‖ auf Spremberg, wo derselbe weitere Marschdirektion vorfinden würde, zu marschieren.

In Folge dessen marschierte die Batterie den 12ten Februar von Radeburg in die Gegend von Spremberg nach folgendem Bestand ab:

1 Premier-Leutnant	mit	2 Pferden	(Probsthayn)
1 Sous-Leutnant		2 ″	(Hofmann v. Altenfels)
1 Sergeant		1 Pferd	
1 Feuerwerker		1 ″	
1 Chirurg		1 ″	
4 Corporals		4 ″	
1 Trompeter		2 ″	
7 Oberkanoniers		7	
44 Unterkanoniers		44 ″	
1 Schmied		1 ″	
3 Ouvriers			
In Summe 65 Mann mit		64 Pferden	

an Geschütz und Wagen

  3 Stück 6pfd. Kanonen
  1 Stück 8pfd. Haubitzen
  4 Stück 6pfd. Kugelwagen
  2 Stück 8pfd. Granatwagen
  1 Administrationswagen
  1 Requisitenwagen
  1 Feldschmiede
13 Fuhrwerke

Train

1 Offizier	mit	1 Pferd	(Sous-Ltn. Krüger)
1 Sergeant		1 ″	
3 Corporals		3 ″	
41 Trainsoldaten		82 ″	
In Summe 46 Mann und		87 Pferde	‖

Von der Batterie blieben noch in Radeburg im Depot unter Leutnant Wehlmann zurück:

2 Unteroffiziers mit	2 Pferden
1 Trompeter	2 ″
25 Unterkanoniers	25 ″
In Summe 28 Mann mit	28 Pferden

1 Stück 6pfd. Kanonen
1 Stück 8pfd. Haubitzen
2 Stück 6pfd. Kugelwagen
2 Stück 8pfd. Granatwagen
6 Fuhrwerke

2 Unteroffiziers mit	2 ″
19 Trainsoldaten	38 ″
In Summe 21 Mann und	40 Pferde vom Train

Dieser in Radeburg zurückgebliebene Teil der Batterie traf den 19ten Februar bei dem Hauptmann Probsthayn (derselbe war unter dem 18ten zum Hauptmann avanciert) in Vetschau bei Cottbus ein, wo derselbe mit der Batterie den 15ten über Hoyerswerda kommend eingerückt war.

Es ging ein königliches Reskript vom 17ten Februar ein, wonach den Mannschaften wöchentlich 3 Mal par tète Fleisch verabreicht und der Aufwand dafür von der Wirtschafts-Kommission verrechnet werden sollte.

Da der Zweck der hier versammelten Kavallerie die aus Russland zurückkehrenden sächsischen ‖ Truppen aufzunehmen nicht erreicht werden konnte, so erhielt General Thielmann von General Reynier den Befehl, mit den Truppen nach der Oberlausitz zu marschieren und bis zur Ankunft des 7ten Korps die Hauptstraße von Breslau nach Dresden zu decken.

In Folge dessen brach die reitende Batterie den 20ten Februar aus dem Kantonement Vetschau wieder auf und marschierte über Spremberg, Hoyerswerda und Königsbrück in die Gegend von Dresden, wo sie den 26ten eintraf und nach Löbdau etc. gelegt wurde.

Nach einer Ordre vom 20ten Februar vom General von Gersdorf erhielten die Reitpferde der reitenden Batterie 3 Monate lang

1½ Metzen Hafer
8 Pfund Heu ⎤ täglich
5 Pfund Stroh ⎦

da sie bisher nur leichte Rationen erhalten hatten.

Die Mannschaften mussten, nach einer Ordre vom General von Thielmann vom 21ten stets mit einem eisernen Bestand auf 2 Tage Futter versehen sein.

Die reitende Batterie war hier zu der unter dem General Major von Liebenau neu formierten sächsischen Kürassier-Brigade, bestehend aus den beiden Regimentern Garde ‖ Kürassiere und von Zastrow gestoßen und wurde unter die unmittelbaren Befehle des Generalmajors von Liebenau gestellt.

Den 27ten wurde Leutnant Hofmann von Altenfels mit einer Sektion 6 Schwadronen von obigen Kürassieren beigegeben und bis Weißig auf der Straße nach Bautzen vorgeschoben, während Hauptmann Probsthayn mit dem übrigen Teil der Batterie nach Neudorf rückte.

Den 1ten März ward die Sektion in Weißig durch eine Haubitze verstärkt und Leutnant Hofmann durch den Hauptmann Probsthayn abgelöst, welcher ersterer das Kommando der 2ten Division der Batterie in Neudorf übernahm und an die Befehle des Oberstleutnants von Berge verwiesen wurde.

Diese 2te Division marschierte den 2ten März mit einem Teil der Kavallerie unter obigem Oberstleutnant zur Deckung des Hoflagers des Königs von Sachsen auf Plauen im Vogtland ab.

Hauptmann Probsthayn blieb bis zum 3ten März in Weißig stehen, kantonierte bis zum 7ten März auf dem Neuen Anbau bei Dresden und marschierte den 13ten März ebenfalls von Gorbitz mit der Kavallerie unter General ‖ von Liebenau zur Deckung des Hoflagers des Königs nach Plauen nach. Hauptmann Probsthayn rückte den 19ten März in Leibnitz bei Plauen ein, wo die Division des Leutnants Hofman, zu der den 5ten März der Sous-Leutnant

Schmidt kommandiert wurde und das Kommando derselben übernommen hatte, sich wieder mit der Batterie vereinigte.

Während des Marsches dahin, wurde der Befehl gegeben, dass jedes Pferd von nun an täglich 8 Pfund Heu und das die Pferde auf Kosten des Mannes Seitenbeschläge erhalten sollten.

Sr. Majestät der König von Sachsen reiste den 27ten März von Plauen nach Regensburg ab, welchem die Kavallerie und die Leib-Grenadier-Garde folgte.

Die Batterie brach ebenfalls den 30ten März aus den seitherigen Kantonement auf, marschierte über Hof, Wunsiedel, Weiden, Nabburg, Neuburg, Cham, Straubing und Pfatter bei Regenburg, wo sie den 13ten April eintraf und Kantonierungsquartiere bezog, während des Marsches war die Batterie unter die Befehle des Obersten von Lessing verwiesen, der die Depots der Regimenter Albrecht, Polenz und Husaren kommandierte, hier aber trat sie wieder unter die Befehle von General von Liebenau.

Da Sr. Majestät der König den 20ten April Regenburg wieder verließ und sich nach Prag begab, so brachen die Truppen incl. der Depots ‖ ebenfalls an diesem Tage dahin auf.

Die Batterie marschierte über Regensburg, wo sich der Premier-Leutnant Moritz Ludwig Weise den 21ten April zum Dienst bei der Batterie meldete, über Nittenau, Teinitz, Pilsen, Beraun, Schlan bis in die Gegend von Prag, wo die Batterie die Orte Jungfrau, Teinitz, Schwelitz etc. bezog.

Den 10ten Mai reiste Sr. Majestät der König von Prag nach Dresden, die hier stehenden sächsischen Truppen erhielten demnach Befehl, ebenfalls dahin aufzubrechen.

Die Batterie marschierte demnach den 11ten Mai ab und über Laun, Bilin, Töplitz, Peterswalde nach Krebs bei Dohna und bezog den 14ten mit der Kürassier-Brigade ein Biwak bei Neudorf.

Die Regimenter Leib-Kürassier-Garde und von Zastrow und die reitende Batterie unter Kommando des Obersten Lessing stießen auf Befehl des Königs zu der französischen Kavallerie-Division Bordesoult, welche zum 1ten Kavallerie-Reserve-Korps unter dem

General Latour-Maubourg gehörte, welchem letzteren Korps auch die beiden neu formierten schwachen Regimenter Husaren und Prinz Clemens Ulanen zugeteilt waren.

In Folge der für Kaiser Napoleon glücklichen Schlacht von ‖ Groß-Görschen am 2ten Mai waren die Russen und Preußen wieder auf das rechte Elbufer zurückgegangen, die Sachsen waren in Torgau, welches auf Befehl den 10ten Mai den Franzosen übergeben wurde, unterdessen neu formiert worden, und hatte sich den 11ten Mai die mobile sächsische Division von ungefähr 6.000 Mann unter Befehl des Generalmajors von Sahr mit der französischen Division Durutte bei Torgau vereinigt, welche zum 7ten Armee-Korps des General Reynier gehörte.

Kaiser Napoleon befand sich bei Ankunft der aus Böhmen zurückkehrenden Sachsen mit der 2ten reitenden Batterie, in Dresden und hielt den 15ten Revue am Bautzner Tor über dieselben.

Den 16ten Mai marschierte die 2te reitende Batterie mit dem 1ten Kavallerie-Korps der französischen Armee unter dem General Latour-Maubourg, welchem die sächsische Brigade und 2 französische und 1 italienische reitende Batterie zugeteilt waren, nach Wildenhain bei Großenhain, um ein in dasiger Gegend befindliches starkes feindliches Kavallerie-Korps, welches der russische Oberst Brendel kommandierte, zu vertreiben. Nach Passierung von Großenhain wurden geschlossene Kolonnen ‖ formiert und Position genommen, da sich jedoch der Feind ½ Stunde vorher zurückgezogen hatte, so wurde in der Gegend von Wildenhain ein Biwak bezogen.

Den 17ten Mai Nachmittags brach das Korps auf und marschierte über Radeburg, Radeberg, Bischofswerda nach Bautzen, wo es sich mit der französischen Armee vereinigte.

Die vereinigten russischen und preußischen Heere hatten sich bei Bautzen gesetzt, daher hier Napoleon seine Heeresmacht vereinigte.

Die Russen und Preußen hatten den 20ten vor der Spree zwischen Gleina und Ebendörfel Stellung genommen. Napoleon hatte dagegen das 12te, 11te, 6te, 4te, 3te, 5te und 7te (welches letztere über Hoyerswerda Abends eintraf) sowie die Garde und das 1te Kavallerie-Reserve-Korps vor Bautzen vereinigt.

Die reitende Batterie war Mittags mit der Kavallerie unter Latour-Maubourg bei Klein-Förstchen aufgestellt, feuerte Anfangs auf die feindliche Artillerie und dann mehrmals auf Kavallerie und Kosacken.

Abends rückte sie in die Gegend von Döbschk und biwakierte ‖ die Nacht bei dem genommenen Bautzen.

Den 21ten früh 5 Uhr begann der Angriff der Franzosen aufs Neue und nachdem die Batterie von Tagesbeginn an bis gegen 10 Uhr früh Demonstrations-Märsche gemacht hatte, erhielt die Batterie Befehl, mit dem Reiter-Korps, der französischen Garde nebst noch vielen anderen Batterien dem Kaiser Napoleon durch Nieder-Keina zu folgen und nahm auf den Höhen von Bourk rechts von und rechts neben der nach Nieder-Guhrig führenden Straße, Position, wo bereits zwei französische zum Korps gehörende Batterien abgeprotzt hatten, welche von mehreren Infanterie-Kolonnen und durch die hinter den Höhen aufgestellte Kavallerie gedeckt waren.

Vor der Front breitete sich ein Wald aus, in welchem die diesseitige Kavallerie mit den Kosaken plänkelte. Auf den jenseitigen Höhen hatte der Feind in Verschanzungen schweres Geschütz aufgestellt, das die Batterien beschossen.

Da den zu großen Distanzen wegen die jenseitigen Höhen von den diesseitigen Geschossen nicht mit Sicherheit erreicht wurden und demnach die feindlichen Granaten den französischen Kolonnen mehreren Schaden verursachten, so befahl der französische Artillerie-General Nourry, das Feuer einzustellen, ‖ um das feindliche nicht allzu sehr auf die diesseitigen Truppen zu ziehen.

Es geschahen daher ferner nur einige Schüsse auf Kosakentrupps, welche sich formieren wollten und auf die am Fuße der jenseitigen Höhen aufgestellte Kavallerie, die sich in Folge dessen auch teilweise zurückzog. Unterdessen erhielt die Batterie Befehl von dieser Position abzumarschieren und der Oberst Lovoy führte dieselbe auf eine Höhe links von Bautzen.

Nachmittags ¼ 4 Uhr erhielt die Batterie mit den 3 reitenden Batterien des Korps Befehl gegen die nach Hochkirchen zu liegenden feindlichen Verschanzungen vorzurücken. Drei französische Gardebatterien (NB Eine französische und eine italienische aber keine Garde selbst) mussten sich bei Ankunft der Batterie eben zurückziehen, weil sie teils demontiert waren, teils weil sie ihre ganze Munition verschossen hatten. Die Batterie, welche zuerst abmarschiert war, marschierte auf 800 Schritt von den Verschanzungen auf, avancierte in Front unter dem heftigsten feindlichen Feuer und nahm dabei den rechten Flügel, um die Geschütze in die Flanke zu bekommen, vor, wobei die 2 Flügelkanonen demontiert wurden. Bei dem einen war das Protzrad zerschossen und bei dem anderen wurden beide Stangenpferde getötet, doch wurden beide sehr bald wieder aktiv gemacht und trafen bei der Batterie ein, welche ‖ unterdessen abgeprotzt hatte. [4] [5]

Die Kanonade dauerte fast 2 Stunden und endigte mit der Vertreibung der feindlichen Geschütze aus den Verschanzungen.

Die Batterie avancierte hierauf mit den 3 zum 1ten Kavallerie-Korps gehörenden reitenden Batterien einige 100 Schritt, worauf wieder Position genommen ward, um die Kavallerie, mit welcher der Kaiser in Masse vorging, im Falle eines Rückzugs zu decken.

Der Tag endigte mit dem Rückzug der verbündeten russisch-preußischen Armee und dauerte das Arrieregarden-Gefecht bis

---

[4] NB 1 – Von einem Teilnehmer der Schlacht ward erzählt, dass die Russen zur Markierung der Entfernung von ihren Batterien Strohwische in Distanzen von 100 Schritt aufgestellt hatten und auf die feindlichen Geschütze so sicher schossen. Als Hauptmann Probsthayn mit der Batterie vorrückte, soll es dieser sogleich bemerkt und dieselben umgefahren haben, wodurch die Russen sicheren Schuß verloren.

[5] NB 2 – Es war dies Anordnung des ...... *(leider nicht lesbar)* und geschah durch einen Adjutanten desselben mit Hilfe der berittenen Mannschaft ohne Umfahren.

Nachts 12 Uhr, die Batterie biwakierte in der Nähe von Hochkirchen.

Von der Batterie wurden an diesem Tage:

6 Reitpferde, incl. das vom Hauptmann Probsthayn und 3 Zugpferde getötet
4 Mann von der Artillerie und 1 Trainsoldat blessiert.

Der Verlust war bei der Nähe des Feindes sehr unbedeutend und ist dadurch zu erklären, dass der Feind zu rasch und ohne zu zielen schoß, daher nicht viele feindliche Kugeln trafen.

Hauptmann Probsthayn erhielt wegen seiner bei dieser Schlacht gezeigten Bravour den Orden der französischen Ehrenlegion.

Den 22ten als dem Gefecht bei Reichenbach brach das 7te Armee-Korps zur Verfolgung des Feindes von ‖ Nehern gegen Kötitz auf, welchem die reitende Batterie mit dem Reiter Korps in gleicher Höhe rechts desselben, unter heftigem Kanonenfeuer folgte. Der Feind ward vertrieben, obiges Reiter Korps zog sich über Wassen, Kretzschen und Nostitz, umritt die Anhöhe bei Schöps und nötigte dadurch den Feind zum Verlassen dieser Stellung.

Während des Angriffs auf Reichenbach durch das 7te Armee-Korps, rückte die Reiterei der kaiserlichen Garde und das Korps Latour Mabourg über Sohland vor; durch letztere ward die feindliche Reiterei geworfen und die reitende Batterie nahm das 3te Mal auf der Höhe von Reichenbach Position.

Mit dem Vertreiben des Feindes aus der Stellung bei Markersdorf schien dieses Gefecht beendigt zu sein, als sich am Fuße der Landeskrone bedeutende feindliche Kavallerie-Kolonnen zeigten, die den General Latour-Maubourg zurückdrängen wollten (NB – Hier ging der Plt. stark blessiert von der Batterie ab). Die Batterie erhielt daher Befehl, noch einmal Position zu nehmen und jene Kolonnen zu beschießen. Die einbrechende Nacht jedoch und die zu große Distanz verhinderten eine besondere Wirkung der Geschütze ‖ daher der General Latour-Maubourg das Feuern einstellen und die Batterie auf der Höhe von Markersdorf Position nehmen und die Nacht daselbst biwakieren ließ.

Getötet wurden an diesem Tage von der Batterie
2 Reitpferde von der Artillerie und
1 Korporal, 2 Pferde vom Train,   sowie blessiert:
2 Mann von der Artillerie
1 Mann vom Train.

Den 23ten war Gefecht bei Görlitz und Leopoldshayn. Der Feind hatte sich wieder bei Neisse festgesetzt. Das 7te Korps ging früh über die geschlagene Brücke und formierte sich hinter den jenseitigen Höhen, daran sich das Korps Latour-Maubourg nachdem es durch eine Furt die Neisse passiert, zur Rechten aufstellte.

Die 6pfd.ge Batterie Rouvroy war links neben der reitenden Batterie aufmarschiert.

Nachdem sich der Feind durch ein wohldirigiertes Feuer bis Leopoldshayn zurückgezogen hatte, nahm die Batterie vor diesem Orte noch einmal Position und vertrieb in Verbindung mit der übrigen Artillerie nach wenigen Schüssen den Feind daraus.

Da der Feind bei seinem Rückzug das Dorf in Brand gesteckt hatte, so dirigierte General Latour-Maubourg sein Korps das Dorf rechts lassend, auf der Straße nach Bunzlau. Während sich in dem ‖ Walde hinter Leopoldshayn noch ein Gefecht der Infanterie engagierte, machte die Batterie, bis zur Vertreibung des Feindes aus demselben Halt und rückte dann vor, wo sie an der Straße nach Bunzlau die Nacht biwakierte.

Bei dem ferneren Verfolgen des Feindes ging die Batterie den 24ten durch Naunburg und biwakierte die Nacht daselbst, ohne ins Gefecht gekommen zu sein.

Den 25ten Mai ging die Batterie unter Bedeckung von französischer Kavallerie über Bunzlau, wo sich in den Nachmittagsstunden mit dem Feind ein Gefecht entspann, zu dem Leutnant Hofmann mit 2 Geschützen vorgeschickt wurde. Gegen Abend stieß derselbe ohne einigen Verlust wieder zur Batterie, worauf sich dieselbe an die hier stehende Kavallerie-Brigade anschloß und die Nacht bei Kienast biwakierte.

Bei dem Vorrücken gegen Haynau am 26ten, wo bei Bautmannsdorf die Vorhut des 5ten französischen Armeekorps von preußischer Kavallerie angegriffen wurde, nahm die Batterie 2mal Position gegen die feindliche Kavallerie, die Batterie biwakierte die Nacht bei Hautmannsdorf. Bei dem Vorrücken des linken Flügels am ‖ 27ten gegen Liegnitz, marschierte die reitende Batterie in der Ebene von Liegnitz auf und wurde die feindliche Kavallerie der Nachhut, welche keine Artillerie führte, gegen Mickelsdorf aus mehreren Positionen beschossen. Des Nachts wurde bei Alt-Jauer biwakiert, von wo den 28ten ein anderes Biwak bei Jauer bezogen wurde.

Da sich der Feind gegen Schweidnitz gewendet hatte, so wurde den 30ten Mai mit der Kürassier-Brigade, 4 reitenden französischen Batterien und einer französischen leichten Kavallerie-Division nach Ober-Moys aufgebrochen und daselbst bis zum 6ten Juni geblieben und täglich in Batterie exerziert wurde.

Den 4ten Juni ward ein Waffenstillstand abgeschlossen, in Folge dessen das 7te Armee-Korps bis nach Görlitz zurückging und die 2te reitende Batterie den 6ten Juni mit der Kavallerie unter Bourdesoult über Lößnitz, Parschewitz, Sebnitz nach Sprottau marschierte. Von hier aus brach die Batterie mit dem Korps den 11ten Juni in die Kantonierung bei Sagan auf.

Die 2te reitende Batterie erhielt hier Ersatz des Verlorenen und traf der Sous-Leutnant Ludwig Ernst Graf Vitzthum von Eckstädt den 24ten Juli zum Dienst bei der Batterie ‖ ein, anstatt dessen der Sous-Leutnant Schmidt den 1ten August wieder zur Fußartillerie abging.

Die 2te Batterie blieb hier mit dem 1ten Kavallerie Korps bis zum 25ten Juli stehen und bezog dann, wegen Mangel an Fourage, Kantonierungsquartiere in Hirschfelde, wo sie dem 1ten Korps entnommen wurde und den 9ten August zum 7ten Armee-Korps nach Görlitz abging; sie traf daselbst den 12ten August ein und erhielt Quartier in Hennersdorf.

3.2.3.   Die erste und zweite reitende Batterie

Das sächsische Armeekorps, welches durch die neuen Gefechte wieder vielen Verlust gehabt hatte, wurde wieder neu formiert und unter dem unmittelbaren Ober-Befehl des kommandierenden Generalleutnants Edlen von Le Coq bis zu Ende des Waffenstillstandes auf 18.344 Mann gebracht, welche aus 2 Divisionen Infanterie, einer Brigade Kavallerie und 7 Batterien mit 52 Geschützen bestanden.

Oberstleutnant Raabe kommandierte die dabei stehende Artillerie.

Major von Roth, der Brigadier der reitenden Artillerie, war Kommandant der bei der 1ten Division stehenden 2 6pfündigen Fußbatterien, bei ihm befand ‖ sich sein Adjudant Premier-Leutnant Vogel.

Die beiden reitenden Batterien Birnbaum und Probsthayn wurden der leichten Reiterbrigade bestehend aus:

8 Schwadronen Husaren

5 Schwadronen Ulanen

unter Generalmajor von Gablenz zugeteilt.

Das sächsische Armeekorps bildete mit der französischen Division Durutte das 7te Armee-Korps unter dem Divisionsgeneral Graf von Reynier und war nebst dem 4ten und 12ten Korps und 3.Reiter-Korps unter dem Ober-Befehl des Marschall Oudinot bestimmt, gegen die feindliche Nordarmee unter dem Kronprinzen von Schweden bei Berlin zu wirken.

Die 2te reitende Batterie bestand aus:

an Artillerie

1 Hauptmann	Probsthayn	
1 Sous-Leutnant	Graf Vitzthum von Eckstädt	
1 Sous-Leutnant	Hofmann von Altenfels	
1 Sergeant		1 Pferd
1 Chirurg		1 Pferd
7 Unteroffiziere		7 Pferde
2 Trompeter		2 Pferde
76 Ober- und Kanoniere		76 Pferde

| 1 Schmied | 1 Pferd |
| 3 Handwerker | |

In Summe 3 Offiziere, 91 Mann mit 88 Pferden excl. der Handwerker ‖

an Train

1 Offizier (Sous-Ltn. Krüger)	1 Pferd
6 Unteroffiziere	6 Pferde
60 Trainsoldaten	120 Pferde
In Summe 67 Mann und	127 Pferde

an Fuhrwerken

  4 Stück 6pfd. Kanonen
  2 Stück 8pfd. Haubitzen
  6 Stück 6pfd. Kugelwagen
  4 Stück 8pfd. Granatwagen
  1 Kompaniedeckenwagen
  1 Requisitenwagen
  1 Feldschmiede
20 Fuhrwerke

Den 13ten August marschierte die 2te Division der Sachsen unter Generalleutnant Sahrer von Sahr mit der 2ten reitenden Batterie und 2 6pfd. Fußbatterien aus dem Lager bei Görlitz ab und rückte die 2te reitende Batterie den 14ten in Königswartha ein, wo auch die 1te reitende Batterie eintraf.

Diese war, wie schon ausgeführt, den 6ten Juni in Kantonierungsquartiere bei Dohna aus Galizien kommend, eingerückt und kam nach deren Einrücken daselbst der Sous-Leutnant Friedrich Moritz Raabe, welcher den 10ten April 1813 zur reitenden Artillerie versetzt worden und bis dahin das Depot kommandiert hatte, zur Batterie, anstatt dessen der Premier-Leutnant ‖ Schumann dem Depot überwiesen, welches zu der Zeit in Sürschen bci Dresden stand.

Der Leutnant Wehlmann war im Monat März mit dem Depot der reitenden Artillerie von Radeburg nach Torgau abgegangen, übergab denselben im April, da er als Lehrer an die Artillerie-Akademie versetzt wurde, an den Sous-Leutnant Raabe, welcher den 29ten Mai 1813 mit demselben, welches eine ungefähre

Stärke von 50 Mann mit ebensoviel Pferden hatte, von Torgau abmarschierte und den 2ten Juni ein Kantonement bei Sürschen bezog.

Die erste reitende Batterie brach gegen Ende Juli aus ihrem Kantonement, wo sie sich aus dem Depot neu formiert hatte, auf; sie bestand aus:

1 Hauptmann	Birnbaum	
1 Premier-Leutnant	von Brauchitzsch	
1 Sous-Leutnant Raabe		
1 Sergeant		1 Pferd
1 Chirurg		1 Pferd
7 Unteroffiziere		7 Pferde
2 Trompeter		2 Pferde
76 Ober- und Kanoniere		76 Pferde
1 Schmied		1 Pferd
3 Ouvriers		

In Summe 3 Offiziere, 91 Mann mit 88 Pferden

Übrigens hatte sie aber soviel Train und Fuhrwesen als die 2te reitende ‖ Batterie.

Den 21ten Juli hatte sie Revue vor dem Kaiser Napoleon und rückte auf Sohland, von wo sie sich den 13ten August mit dem Ulanen-Regiment, einer 12pfd. Batterie und dem Hauptartilleriepark nach Löbau und Bautzen zog und den 14ten mit der 2ten reitenden Batterie in Königswartha zusammentraf.

Den 15ten August brachen die beiden reitenden Batterien von Königswartha auf, marschierten über Hoyerswerda, Senftenberg, Kalau, Luckau, Dahme und bezogen den 19ten nach Überschreitung der preußischen Grenze ein Biwak bei Schöneweida.

Die beiden reitenden Batterien waren am 17ten bei Dahme wieder zu der leichten Kavallerie unter Generalmajor von Gablenz gestoßen, welche am 19ten August die Spitze beim Marsch hatte.

Den 18ten August war die Aufkündigung des Waffenstillstandes erfolgt und das 7te Armeekorps hatte sich bei Schenkendorf vereinigt.

Von der diesseitigen Armee stand den 19ten bis 20ten die erste sächsische Division bei Schönfeld ‖ die 2te bei Schöneweide, die leichte Reiterbrigade mit den beiden reitenden Batterien links derselben am Rande eines Gehölzes, die französische Division Durutte bei Gottow, das 4te Armee-Korps bei Baruth und das 12te bei Luckenwalde.

Den 21ten August brach das 7te Armeekorps auf, die reitenden Batterien mit der sächsischen Kavallerie folgten der zweiten sächsischen Division durch den Kossener Forst auf der Berliner Straße bis gegen Nunsdorf, welches nebst den Höhen von einer Brigade des bei Saarmund stehenden 3ten preußischen Armeekorps besetzt war. Der nach Nunsdorf führende Dammweg nebst das am Ende desselben befindlichen Gebäude, welches man in einem festen Posten umzuschaffen schien, war stark mit feindlicher Infanterie besetzt, von wo sie durch das Feuer der 1ten reitenden Batterie, welche auf den am Anfang des Dammes gelegenen Höhen aufgestellt war, namentlich durch die Haubitzen aus dem Gebäude vertrieben und bis hinter Nunsdorf zurückgedrängt wurde, während Trebbin von dem 12ten französischen Armee-Korps genommen wurde und ‖ das 4te Korps bis gegen Zossen vorgerückt war.

Von der 2ten Batterie wurde Leutnant Vitzthum mit 1 Haubitze vorgesendet, um den Feind aus einer Verschanzung hinter der Brücke und sowie aus einem vorliegenden Gebüsch in welchem tirailliert wurde, zu vertreiben und ihm wo möglich den Rückzug abzuschneiden.

Nachdem der Feind vertrieben war, ging Leutnant Hofmann mit einer Division der 2ten Batterie zur Verfolgung des Feindes vor, welcher des anderen Morgens wieder zur Batterie stieß.

Nunsdorf ward von der leichten Infanterie besetzt, zur Unterstützung dieses Postens rückte die französische Brigade Devaux vor, die erste reitende Batterie nebst 3 Schwadronen wurde nahe am Dorfe Abends aufgestellt, während die eine Division der 2ten reitenden Batterie mit der übrigen sächsischen Kavallerie hinter der Division Durutte bei Christinendorf Stellung nahm.

Den 22ten als dem Tage des Gefechtes bei Wittstock hatte der Feind eine mehr vereinigte Stellung zwischen Gütergotz und Treuenbrietzen genommen, die Russen standen auf dem ‖ rechten Flügel bei Gütergotz, die Schweden in der Mitte bei Ruhlsdorf und die Preußen auf dem linken Flügel bis nach Buchholz. An diesem Tag passierten früh die französische Division Durutte, die 2te sächsische Division, die leichte Reiter Brigade mit den beiden reitenden Batterien und dann die 1te sächsische Division Nunsdorf, und formierte sich auf den jenseitigen Höhen, es ward das 7te Korps zur Erstürmung des Passes bei Wittstock befehligt.

Als sich die Division Guilleminot des 12ten Korps Christinendorf näherte, ging die Division Durutte und die 2te sächsische Division gegen Wittstock vor, der die leichte Reiter Brigade rechts rückwärts folgte.

Leutnant Hofmann rückte mit 2 Geschützen der 2ten Batterie zur Unterstützung des Debouchierens aus Wittstock mit vor und ward auf eine rechts der Straße befindliche Höhe im Dorfe platziert, welche eine feindliche Batterie, die etwas links hinter Wittstock links der Straße nach Berlin aufgefahren war, beschossen – die Position war sehr schwierig, da nach jedem getanen Schuß die Geschütze mit großer Anstrengung vorgebracht werden mussten, indem sich hinter dem Stand der Geschütze eine bedeutende Vertiefung befand, dieses Herausbringen der Geschütze geschah von Franzosen, die sich frei ‖ willig hierzu erboten. 1 Kanonier blieb hierbei und der Trompeter mit Pferd wurde blessiert.

Rechts des Dorfes Wittstock wurde die zur Division des Leutnants Hofmann gehörende Haubitze nebst 4 französischen Kanonen unter dem Leutnant Gau zur Beschießung einer preußischen Haubitzbatterie, welche auf den Höhen rechts der Berliner Straße platziert war, aufgestellt und brachte sie auf einige Zeit zum Schweigen, während eine 12pfd.ge Batterie über sie weg schoß. Da aber nach einiger Zeit die etwas rechts von der Sektion befindlichen Häuser von einer preußischen Haubitzbatterie in Brand gesteckt wurden, so musste sich Sous-Leutnant Hofmann zurückziehen und stieß wieder zur Batterie, wo auch die Haubitze wieder eintraf.

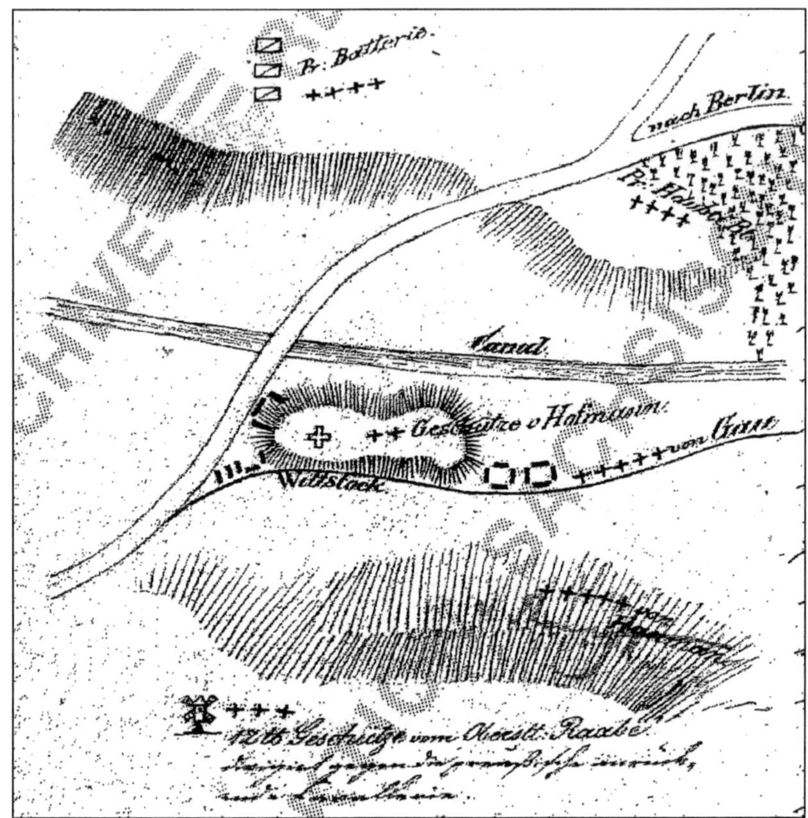

2 12pfd.ge Geschütze von Oberst Leutnant Raabe dirigiert, beschossen von der Höhe bei der Windmühle die preußische Kavallerie-Kolonne. Als endlich abends 6 Uhr das Dorf Wittstock, der Berg bei Wilmersdorf und die noch unvollendete Schanze genommen war, ging die Reiter-Brigade mit den reitenden Batterien rasch durch Wittstock und nahm auf der Windmühlenhöhe dicht vor Wittstock links der nach Berlin führenden Straße, Position, als eben die französischen Kolonnen im Sturmschritt gegen die ‖ feindlichen Höhen anrückten.

Premier-Leutnant v.Brauchitzsch war vorher mit 3 Geschützen durch den Ort gegangen, setzte sich auf den rechten Flügel der französischen Fußartillerie und beschoß aus 2 Positionen den Feind, der zum Rückzug genötigt wurde.

Die erste reitende Batterie marschierte hier auf in Front in Galopp gegen die auf der Höhe sich hinziehende Allee bis auf 350 Schritt unter feindliches Kartätschfeuer, protzte ab und nötigte die feindlichen Geschütze nebst der Kavalleriebedeckung zum Rückzug.

Jenseits Wittstock setzte sich die Reiterbrigade mit der 2ten reitenden Batterie, mit der 2ten sächsischen Division und der Division Durutte in Linie und erreichte die Höhen von Kerzendorf. Die Batterie rückte auf die Nachricht, dass der Feind hinter den vorliegenden Höhen wieder Position zu nehmen schien, dem auf der Straße nach Berlin zurückgehenden Feind nach und nahm ungefähr ¼ Stunde von der früheren Stellung links der Straße hinter einem Gehölz Position, von wo sie auf die feindliche Kavallerie feuerte. Schon trat der Feind von Neuem den Rückzug an, als er auf einmal in Linie aufmarschierte und auf die 2te Batterie vorrückte, welche nur von einem kleinen Husaren-Detachement, das sich jetzt schnell zurückzog, ‖ gedeckt war. Die Batterie geriet in Gefahr genommen zu werden, jedoch ward der Feind endlich durch ein wirksames Kartätschfeuer zurückgeworfen und das Feuern hörte wegen der anbrechenden Dunkelheit auf.

Während die Batterie noch den Posten behauptete, kam die Meldung, dass 2 feindliche Infanterie-Regimenter links der Stellung der Batterie an dem Holzrande marschierten. Ungeachtet mehrfachen Gesuchs um Bedeckung, hatte sie nur einen an einem Gebäude aufgestellten französischen Infanterie-Posten in der Nähe. Als die feindliche Infanterie anrückte, ging dieses kleine Detachement vor und feuerte, während die Batterie ihr Feuer von neuem eröffnet hatte. Der Feind in der Vermutung, dass er größere Massen vor sich habe, ließ von seinem Angriff ab und die Battrie protzte auf und ging nach Wittstock zurück.

Beide Batterien biwakierten die Nacht bei Wittstock an der Berliner Straße.

Von der 2ten reitenden Batterie wurden außer obigem Trompeter noch 1 Kanonier und 1 Trainsoldat verwundet.

Den 23ten als der Schlacht von Großbeeren war die Stellung der Feinde noch ziemlich dieselbe wie gestern, von der diesseitigen Armee stand das 7te Korps bei Löwenbruch und Kerzendorf, ‖ das 12te Korps bei Trebbin und das 4te bei Jähnsdorf.

Das 7te Korps erhielt Befehl gegen Großbeeren zu marschieren[6]. Früh 10 Uhr marschierte die 2te sächsische Division und die Division Durutte auf der Straße nach Berlin durch einen Wald gegen Großbeeren ab. Die Reiter-Brigade mit den beiden reitenden Batterien marschierte in gleicher Höhe zur Seite.

So wie der Wald passiert war, wurde in der sich öffnenden Ebene der Feind (die Schweden und Russen) sichtbar, zur Linken von Großbeeren stand Kavallerie und Fußvolk, Großbeeren selbst war vom Feind (3 preußische Bataillone, welche die Avantgarde bildeten) besetzt und auf der dabei befindlichen Windmühlenhöhe stand eine Batterie von 4 Kanonen, welche lebhaft feuerte.

Die 1te reitenden Batterie, welche vor der 2ten marschierte, wurde, eben als sie aus dem Wald gekommen und aufmarschiert war, vom Kommandanten der Artillerie Oberstleutnant Raabe, im Galopp gegen Großbeeren geführt, wo sie durch das feindliche Schützenfeuer genötigt durch Linksumkehrt wieder 150 Schritt zurückging, Position nahm, durch Kartätschfeuer die feindlichen Schützen vertrieb und dann die Batterie bei Großbeeren beschoß. Nachdem Großbeeren durch Granaten ‖[7] in Brand geraten war und der Feind sich gegen Ruhlsdorf zurückgezogen hatte, ging die 1te Batterie dicht bis links vor Großbeeren am Kirchhof vor, während die 2te sächsische Division und hinter ihr die Division Durutte und die Reiter-Brigade ebenfalls auf den Höhen links von Großbeeren Stellung genommen hatten.

Die 1te reitende Batterie nahm hier Position und feuerte auf den fliehenden Feind, die Sektion des Premier-Leutnants von Brauchitzsch stand links von einem gegen 250 Schritt breiten

---

[6] NB – Die Denkwürdigkeiten der Kriegskunst 5tes Heft 1819
[7] NB – und Brandkugeln

Holzstrich und rechts desselben die übrigen 4 Geschütze unmittelbar an einem kleinen Gebäude von Großbeeren.

Während die Batterie in dieser Stellung verblieb und von derselben alles wieder in Stand gesetzt wurde, formierte sich Nachmittags der Feind wieder zum Angriff und rückte das Korps von General von Bülow von Heinersdorf aus und die Russen und Schweden von Ruhlsdorf aus um 4 Uhr gegen Großbeeren vor.

5 feindliche Batterien avancierten und begannen auf 1.800 Schritt zu feuern. Die 1te Batterie eröffnete hierauf wieder ihr Feuer und tat gegen 1.000 Schuß, wobei die Batterie viel Leute und Pferde durch das feindliche ‖ Geschützfeuer verlor. Die Batterie behauptete so lange diese Stellung bis eine halbe reitende Batterie und 1 Fuß-Batterie der Brigade von Borstell, welche sich bei Klein-Beeren aufgestellt hatte, die rechte Flanke abgewonnen, 25 – 30 feindliche Geschütze der obigen 5 Batterien ihr Feuer auf sie konzentrierten, die Munition ausgegangen und der Feind in das neuerdings brennende Groß-Beeren eindrang.

Der sehr fühlbar gewordene Mangel an Mannschaften und Pferden (an einem Geschütz war nur noch ein Stangenpferd und nur durch die Mühe des Korporals Terworner und eines Trainsoldaten Hea wurde es gerettet), die vielen zerschossenen Räder (man hatte sogar ein Protzrad wegen Mangel an ein Kanon stecken müssen) und das ungünstige Terrain, das aus Sand und Lehmgruben bestand, machte den Abmarsch sehr schwierig und er ward nur mit Zurücklassung mehrerer demolierter Wagen glücklich ausgeführt.

Die reitende Batterie ging zurück, traf mit dem Husaren-Regiment unter General Gablenz, welches zur Deckung des Engpasses von Wittstock befehligt war, zusammen und ging bis dahin zurück und bezog ein Biwak inder Nähe der Windmühle daselbst, wo auch die leichte Infanterie lagerte.

Die 1te reitende Batterie hatte an ‖ diesem Tage an Toten
5 Unterkanon.(Heinrich, Seidemann, Ritscher, Röber und Wellert)
an Blessierten   1 Sous-Leutnant   Raabe
                      1 Trompeter   Fahlbusch
                      1 Oberkanonier   Schaffernicht
                      2 Unterkanoniers   Tischer und Groschwitz

Vermißt wurden 1 Schmied
               1 Sattler
               2 Kanoniers

Trainsoldaten und Pferde sind in dem vorliegenden Rapport nicht angegeben.

Wir haben die 2te reitende Batterie verlassen als sie auf dem Wege nach Großbeeren aus dem Wald kommend, eben aufmarschieren wollte. Noch ehe sie den Aufmarsch vollziehen konnte, erhielt sie Befehl zurückzugehen und wurde vom General Reynier an die 2te sächsische Division, die Division Durutte und die Reiter-Brigade, welche sich in der Ebene in Kolonne formiert hatten, gewiesen, mit denen sie sich links von Großbeeren auf der Windmühlenhöhe in Position setzte. Da sich links vorwärts feindliche Kavallerie vor Neubeeren sehen ließ, so wurde der Sousleutnant Vitzthum mit einer Division vorwärts geschickt, wo er durch sein Feuer, namentlich durch Granaten, den Feind vertrieb. Eine feindliche reitende Batterie suchte vor der Front aufzufahren, ward aber durch das ‖ wohl angebrachte Feuer der stehen gebliebenen Division daran gehindert und musste retirieren.

Da in der linken Flanke kein Feind mehr zu sehen war, so rückte Leutnant Vitzthum wieder zur Batterie mit seiner Division.

Während des Angriffs Nachmittags 4 Uhr durch das Bülowsche Korps in bedeutenden Massen, ward die 2te reitende Batterie befehligt, mehr rechts vorwärts auf einem kleinen vorliegenden Kiefernholz zu wirken und das sehr bedeutende Anrücken der feindlichen Infanterie zu hindern.

Die Batterie nahm links neben einer französischen Fuß-Batterie, welche ein lebhaftes Feuer unterhielt, Position, gedeckt durch ein links rückwärts aufgestelltes Detachement Husaren und feuerte.[8]

---

[8] NB – Gleichzeitig mit den anstürmenden Bülowschen Truppen war rechts auf dem äußersten feindlichen Flügel eine preußische reitende Batterie und rechts neben derselben eine schwedische vorgerückt, welche ihr Feuer gegen die reitende Batterie verstärkten und die linke Flanke abzugewinnen suchten. Obgleich 5 preußische Geschütze nach ihren eigenen Aussagen außer Gefecht gesetzt wurden, so gewann doch endlich die feindliche Artillerie die Oberhand und die Batterien mussten retirieren.

Da später die französische Batterie retirierte und auf allen Seiten von unseren Truppen nichts mehr zu sehen war, dagegen die feindliche Infanterie feuernd anrückte und vor dem Kartätschfeuer nicht wich, so wurde mit angelegtem Ziehtau einige 100 Schritt retiriert, wieder Position genommen und auf die vorliegende Infanterie gefeuert. Ein Detachement unserer leichten Infanterie, welches zu gleicher Zeit mithielt, tat ein Gleiches. Die Batterie nahm auf diese Art 2 Mal ‖ Position, musste jedoch entblößt von ihrer Deckung, welche durch die feindliche Kavallerie in den Wald geworfen war und verlassen von der französischen Fußbatterie, welche bis jetzt zur Seite gestanden hatte, den anstürmenden Massen des Feindes weichen, da sich dessen Infanterie schon fast in der Batterie befand.

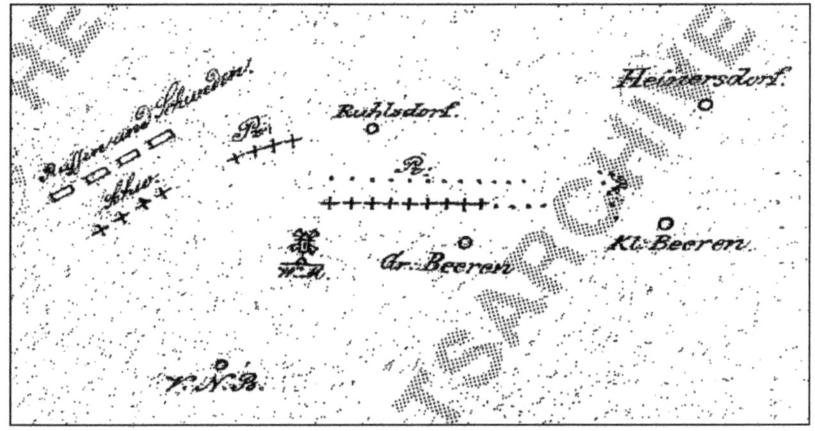

Es ward mit Divisionen links gegen den Wald mit angehangenem Ziehtau retiriert, dessen Ausgang bereits mit pommerschen Ulanen besetzt war, welche den Hauptmann Probsthayn mit der 2ten Division des Leutnants Hofmann umzingelten und gefangen nahmen. In diesem Augenblick stürzte der Major von Taubenheim mit einer Schwadron sächsischer Ulanen auf den Feind, wodurch die 2te Division Gelegenheit fand, sich zu befreien und in den Wald zurückzufahren. Ein Teil der noch berittenen Mannschaft der Batterie schloß sich an die Ulanen an und vertrieb mit diesen den Feind.

Die 1te Division der Batterie unter Leutnant Vitzthum aber, welche der 2ten Division folgte, ward, da der Leutnant Vitzthum mit dem Pferd stürzte, schon eher umringt und gefangen.

Als die sächsischen Ulanen kamen ‖ waren die Geschütze dieser Division bereits gegen Großbeeren abgefahren, wo sie von den Preußen aufgeprotzt und nach Berlin geschafft wurden. Die Mannschaften derselben wurden die Nacht durch in der Kirche zu Großbeeren eingeschlossen.

Hauptmann Probsthayn mit der 2ten Division setzte seinen Rückzug fort und stieß bei Wittstock wieder zum Korps, wo sie einen Biwak bezog, sich wieder formierte und die Versprengten sammelte.

Die 2te Batterie hatte an diesem Tage an Verwundeten :
  1 Trompeter   Vetter
  2 Unterkanoniere   Horn und Freitag
Gefangen wurden von der Artillerie, außer den 3 Geschützen und Fuhrwerken
  der Leutnant   Graf Vitzthum
  3 Unteroffiziere
  1 Oberkanonier mit 45 Pferden
24 Unterkanoniers, wovon Haupt und Händler blessiert waren
vom Train
  2 Unteroffiziere
20 Trainsoldaten mit 43 Pferden
Vermißt wurden von letzteren
4 Trainsoldaten   mit 14 Pferden

Dieser Tag, wo bis spät Abends gefochten wurde und es fast immer stark regnete, endigte ungeachtet der Bravour der Truppen ‖ mit dem Rückzug des 7ten Armee-Korps, da es von dem 4ten Armee-Korps nicht unterstützt wurde.

Den 24ten früh ward der Rückzug über Kummersdorf fortgesetzt und bei Lino Position genommen, wo der Hauptartillerie Park und die 2te sächsische Division standen. Beide Batterien waren bei dem Hauptpark.

Premier-Leutnant von Brauchitzsch kam mit 2 Kanonen auf Feldwache vor das Dorf.

Den 25ten marschierten die reitenden Batterien mit dem Hauptpark bis Hohenschlenzer in die Stellung bei Werben, wo sie einen Biwak bezogen. Hier wurde den 26ten die 1te Batterie wieder formiert und bestand nur aus 4 Geschützen, da Leutnant Raabe mit 2 Geschützen als inaktiv in den Hauptpark kam, welchen Major von Großmann kommandierte. Die 2te reitende Batterie hatte zwar noch 3 Geschütze, konnte aber nur noch zwei besetzen, daher sie nur mit 2 marschierte und nun zur Deckung des Hauptparks bestimmt war.

Auch fand hier die Vereinigung des 7ten, 4ten und 12ten Armee-Korps statt. ‖

Den 27ten marschierten die 3 Armee-Korps gegen Jüterbogk vor, die 1te reitende Batterie ging mit der Reiter-Brigade und der 2ten Division, die 2te mit dem Artillerie-Park.

Es ward von der 2ten reitenden Batterie bei Dennewitz, wo der Hauptpark stand, und von der 1ten mit der Reiterbrigade am Fuße der Weinberge bei Jüterbogk ein Biwak bezogen.

Den 28ten ward unter stetem Umschwärmen der Kosaken bis Mellndorf, wo Premier-Leutnant von Brauchitzsch mit 2 Geschützen auf Feldwache kam und den 29ten bis Marzahne und Kropstädt marschiert. Bei letzterem Ort stand die 2te reitende Batterie mit dem Hauptpark.

Die Avantgarde ward auf diesem Marsch von Kosaken früh 7 Uhr angegriffen, weshalb Premier-Leutnant von Brauchitzsch mit 2 Geschützen von der 1ten reitenden Batterie vorgehen musste und dieselben durch einige Schuß vertrieb, eben so attackierte die feindliche Kavallerie bei Marzahne früh 9 Uhr und Nachmittags, weshalb die erste reitende Batterie Position nahm und nach starker Kanonade mit der Kavallerie und der 2ten Division in die Position bei Krop ‖ städt zurück ging und daselbst biwakierte.

Den 30ten August vereinigten sich die 3 Armee-Korps in der Stellung bei Kropstädt und Marzahne und bildete das 7te Korps bei Kropstädt die 2te Linie hinter dem bei Marzahne stehenden

12ten Korps, das 7te Korps behielt dieselbe Stellung bis zum 1ten September.

Den 31ten August ward ein starkes Fourage-Kommando abgesandt, welches bei Zahna von den Kosaken aufgehoben wurde; hierbei wurden von der 1ten Batterie
3 Kanoniers mit 3 Pferden
und von der 2ten Batterie
1 Korporal
3 Kanoniers mit 1 Pferde
sowie vom Train derselben
2 Trainsoldaten und 4 Pferden   gefangen.

Den 1ten September ging das 7te Korps bis Mochau und Grabo und bildete so den linken Flügel der Armee, bei ersterem Orte biwakierte die 2te Batterie mit dem Hauptpark, bei letzterem die 1te reitende Batterie mit der Kavallerie und der 2ten Division; Premier-Leutnant von Brauchitzsch ward mit 2 ‖ Geschützen links seitwärts des Dorfes Grabo zum 2ten leichten Infanterie-Regiment detachiert, ging jedoch die Nacht wieder zur Batterie hinter das Dorf zurück, dasselbe geschah am 2ten September.

Die 2te reitende Batterie ging den 2ten September mit dem Hauptpark bis an die Weinberge von Wittenberg und den 3ten bis an das außerhalb der Festung liegende Blockhaus, wo sie ein Biwak bezog.

Die 1te reitende Batterie brach den 3ten September aus dem Biwak bei Grabo gegen Wittenberg auf und nahm mit der französischen Division Durutte, der 2ten Division und der Reiter-Brigade auf den Höhen zwischen Dobien und Wittenberg Stellung. Premier-Leutnant von Brauchitzsch ward mit 2 Geschützen zu der Brigade Ryssel der 2ten Division, welche ein zwischen Dobien und Schmelkendorf fließendes Wasser besetzt hielt, detachiert und kam mehrere Male zum Feuer auf russische Infanterie, worauf er wieder zur Batterie stieß.

Die Batterie kam später mehrere Male zum Feuern auf russische Jäger und Kosaken, worauf sie in die alte Stellung rückte.

Den 4ten September kam Marschall Ney und übernahm das Ober ‖ Kommando, er besichtigte Nachmittags die Stellungen. Die 2te reitende Batterie, welche früh auf Pratau mit dem Hauptpark marschiert war, rückte wieder in die alte Stellung, welche leicht verschanzt wurde, die erste Batterie nahm weiter rückwärts 2 Positionen, in Sektionen verteilt.

Den 5ten September ergriffen die diesseitigen Korps wieder die Offensive, und kam das 7te Korps als das mittelste zwischen Zalmsdorf und Leetza zu stehen. Die 1te reitende Batterie ging mit der Avantgarde unter Oberst von Lindenau (General Gablenz war krank geworden) sie kam nicht zum Gefecht. Abends wurde ein Biwak bezogen.

Den 6ten September als dem Tag der Schlacht von Dennewitz, stand der Feind zwischen Rabenstein und den Höhen von Jüterbogk.

Die diesseitige Armee ging in Echelons und das 7te Korps als das mittelste auf Rohrbeck vor und das 4te durch Dennewitz vor, allein da das 4te Korps zum Weichen kam, so ward ihr dieses zu Hilfe gesendet und nahm Göhlsdorf, während die Reiterbrigade mit der 1ten Batterie rückwärts des rechten Flügels der hinter dem 7ten Korps haltenden Reiter-Division de France in Reserve neben dem ‖ Artillerie Park blieb und sich das 4te Korps noch auf den Höhen rechts von Dennewitz hielt. Doch da das 4te Korps zurückging, wurden die Sachsen wieder aus Göhlsdorf geworfen, welche es jedoch später wieder nahmen und endlich, entblößt von aller Unterstützung wieder verlassen mussten.[9]

---

[9] NB – Zwischen dem 4ten französischen Armeekorps nach Passierung von Dennewitz und den bei Jüterbogk aufgestellten Truppen unter General Tauenzien entspann sich zuerst das Gefecht und letztere wurden geworfen. Als sich aber von der linken Flanke bei Göhlsdorf Feuer hören ließ, vom General Bülow durch Umgehung in die linke Flanke gefallen war, so griff Tauenzien von neuem an und warf das 4te Korps zurück, während die Division Durutte von Rohrbeck sich links gegen Nieder-Görsdorf und das 7te Korps nach Göhlsdorf wenden musste, das es nahm. Hier ----tierte sich das Gefecht. Die Preußen nahmen Göhlsdorf und wurden durch die Sachsen wieder herausgeworfen, hinter denen das

Die 1te Batterie kam während der Schlacht selbst nicht zum Feuern, nur als Göhlsdorf zuletzt vom Feind genommen wurde und als man den Park in Gefahr glaubte, musste die Batterie Position nehmen und abprotzen, konnte jedoch der zurückgehenden diesseitigen Truppen wegen nicht zum Feuern kommen.

Die Schlacht war verloren und die 1te reitende Batterie deckte den Rückzug der über Oehna sich zurückziehenden, aus der 2ten Division und dem Husaren-Regiment bestehenden Arriergarde.

Unaufhörlich von feindlicher Kavallerie bedroht und angegriffen, ging diese Batterie stets in Front von Stellung zu Stellung und feuerte.

Als die Dämmerung begonnen, erreichten obige Truppen den bei Korbitz anfangenden Wald, da sich nun auch die Batterie näherte, während die Fuhrwerke außer den noch mit Munition beladenen Wagen auf einen Seitenweg in den Wald voraus gesendet wurden. Die Batterie war eben in Park zugerückt, um in den Wald einzurücken, als sie von General Reynier befehligt ‖ wurde, gegen eine feindliche 12pfd.ge Fußbatterie von 8 Geschützen Position zu nehmen und zu feuern. Nach kurzer Kanonade, wobei die Batterie viel Verlust hatte (sie verlor 5 Reit- und 5 Trainpferde) erhielt die Batterie Befehl zum Rückzug, da die diesseitigen Truppen in den Wald gerückt waren. Die Batterie retirierte am Ziehtau, wobei die feindlichen Plänkler mit dem Säbel abgewiesen werden mussten, protzten im Wald auf und

---

angekommene 12te französische Armeekorps aufmarschierte. Da nun später die Franzosen an allen Punkten wichen, auch das 12te französische Armeekorps hinter Göhlsdorf abmarschierte und sich gegen Rohrbeck wandte, die Preußen verstärkt durch schwedische und russische Artillerie und Truppen Göhlsdorf erneut angriffen, so mussten entblößt von aller Unterstützung auch die Sachsen nach erlittenen empfindlichen Verlusten weichen.

Die sächsische Reiterbrigade mit der 1ten reitenden Batterie war während dem Gefecht bei Göhlsdorf rückwärts des rechten Flügels der hinter dem 7ten Korps haltenden Reiter-Division De France neben dem Artillerie-Park in Reserve aufgestellt.

marschierten zu Einem ab, wobei sich die Fuhrwerke und die Fußbatterie (Dietrich I) anschloß.

Jenseits des Waldes und rechts des Weges ordneten sich die Truppen, doch die reitende Batterie erhielt durch den Chef des Generalstabes General Gressot Befehl, den Marsch ohne Halt fortzusetzen und den Weg auf Herzberg zu verfolgen, welchen die übrigen Truppen auch nehmen würden.

Letztern ward jedoch späterhin eine andere Marschrichtung erteilt und somit ging die Artillerie, ohne es zu wissen, ganz allein. Gegen Mitternacht war in einem abwechselnd von Höhen durchschnittenem Terrain, ein etwas sumpfiger Graben zu passieren, welcher sowie das mehrmalige Durchbrechen der Marschkolonne durch französische Truppen das Zurückbleiben ‖ der der Batterie folgenden Wagen um mehrere 100 Schritt veranlasste. Premier-Leutnant von Brauchitzsch ward befehligt, für den Anschluß der Wagen Sorge zu tragen.

Doch wurde derselbe, als er noch die Batterie erreichen konnte, im Wald von allen Seiten von einem preußischen Streifkorps Husaren angegriffen und nebst Mannschaft und 3 Munitionswagen der Batterie sowie der folgenden 1ten Fuß-Batterie gefangen genommen. Einem Teil der Mannschaft gelang es unter Anführung des Sergeant Wagner von der reitenden Batterie sich später zu befreien und wieder zu der Batterie zu stoßen, während Premier-Leutnant von Brauchitzsch auf Berlin abgeführt wurde.

Die reitende Batterie gelangte früh glücklich auf Herzberg und traf den 7ten mit den dort gefundenen Truppen in Torgau ein.

Hauptmann Probsthayn, der mit der 2ten reitenden Batterie und dem sächsischen Hauptartilleriepark bei Wittenberg geblieben war, rückte den 5ten September mit demselben auf die sogenannte Insel bei Wittenberg und marschierte den 7ten September über Dommitzsch nach Torgau, wo sie auf dem Glacis mit der übrigen Artillerie die Nacht ohne Lebensmittel und Fourage biwakierte. ‖

Hier wurden die sächsischen Truppen von neuem den 8ten bei Fort Zinna formiert und hielt nachmittags General Reynier Revue über die Brigade.

Die reitende Artillerie erhielt nun folgenden Etat :

I.reitende Batterie

3 6pfdige	Kanonen mit	9 Trainsoldaten und	18 Pferden
1 8 ′′	Haubitze ′′	3 ′′	6 ′′
3 6 ′′	Kugelwagen	9 ′′	18 ′′
2 8 ′′	Granatwagen	6 ′′	12 ′′
1 Kompaniewagen		3 ′′	6 ′′
1 Feldschmiede	′′	2 ′′	4 ′′
1 6pfdige Vorratslafette	′′	2 ′′	4 ′′
Reserve		10 ′′	10 ′′
12 Fuhrwerke	mit	44 Trainsoldaten u.	78 Pferden

Hierzu

1 Offizier mit 1 Pferd (Ltn. Herzog)
1 Sergeant ′′ 1 ′′
3 Corporals ′′ 3 ′′

Sa. 49 Mann mit 83 Pferden

An Artillerie

1 Hauptmann	Birnbaum		
1 Sous-Leutnant	Raabe		
1 Sergeant		mit	1 Pferd
1 Fourier		′′	1 ′′
1 Chirurg		′′	1 ′′
5 Unteroffiziere		′′	5 ′′
2 Trompeter		′′	2 ′′
1 Schmied		′′	1 ′′
1 Sattler			
1 Wagner			
50 Ober- und Kanoniere		′′	50 ′′
65 Mann		mit	61 Pferden

Überdies 2 Ouvriers ‖

II.reitende Batterie

3 6pfdige Kanonen mit	9 Trainsoldaten und	18 Pferden
1 8 ′′ Haubitze	3 ′′	6 ′′
3 6 ′′ Kugelwagen	9 ′′	18 ′′
2 8 ′′ Granatwagen	6 ′′	12 ′′

1 Kompaniewagen	3	ʹʹ		6	ʹʹ
1 Feldschmiede	2	ʹʹ		4	ʹʹ
1 6pfdige Vorratslafette	2	ʹʹ		4	ʹʹ
Reserve	10	ʹʹ		10	ʹʹ
12 Fuhrwerke	mit	44 Trainsoldaten und	78 Pferden		

Hierzu

	1 Offizier mit	1 Pferd (Ltn. Krüger)		
	1 Sergeant ʹʹ	1	ʹʹ	
	3 Corporals ʹʹ	3	ʹʹ	
Sa.	49 Mann	mit	83 Pferden	

<u>An Artillerie</u>

1 Hauptmann	Probsthayn		
1 Sous-Leutnant	Hofmann von Altenfels		
1 Sergeant		mit	1 Pferd
1 Fourier		ʹʹ	1 ʹʹ
1 Chirurg		ʹʹ	1 ʹʹ
5 Unteroffiziere		ʹʹ	5 ʹʹ
2 Trompeter		ʹʹ	2 ʹʹ
1 Schmied		ʹʹ	1 ʹʹ
1 Sattler			
1 Wagner			
50 Ober- und Kanoniere		ʹʹ	50 ʹʹ
65 Mann		mit	61 Pferden

Überdies 2 Ouvriers

Die 2te reitende Batterie wurde zu der Reiter-Brigade unter Oberst von Lindenau und die 1te zur Reserve bestimmt.

Major von Roth war Kommandant der Artillerie beim Korps, das gegen 9.000 Mann und 2.230‖ Pferde und 26 Geschütze stark war.

Um das Übergehen des Feindes auf das linke Elbufer zu verhindern, brach den 7ten die diesseitige Armee gegen Wittenberg auf, und marschierten die beiden reitenden Batterien mit der Kavallerie-Brigade den 9ten September bis Düben, woselbst sie bis zum 11ten stehen blieben und an diesem Tag bis Schmiedeberg marschierten, wo das Husaren-Regiment und die

1te reitende Batterie Patzschwig, sowie die 2te Batterie die Höhen gegen Großwig besetzte, welches vom Ulanen-Regiment belegt war.

Den 12ten September ward bis Dommitzsch vorgerückt, wo beide reitende Batterien Quartier erhalten sollten, sie mussten Nachmittags jedoch dasselbe wieder verlassen und bezogen anderweitige Quartiere in Trebligau, wo sie bis zum 21ten stehen blieben.

Da unterdessen der Feind Dessau besetzt hatte, so rückte am 21ten September das 7te Armee-Korps bis Kemberg vor, die reitenden Batterien marschierten über Schmiedeberg, um sich mit der Kavallerie-Brigade zu vereinigen auf Osteritz, woselbst sie in eine Position ‖ rückte und daselbst biwakierte.

Aus den beiden sächsischen Divisionen war eine formiert worden, General-Leutnant von Zeschau übernahm das Kommando derselben, welche 199 Offiziere, 7.844 Mann und 2.413 Pferde zählte, und Oberst-Leutnant Raabe das der dabei befindlichen Artillerie.

Den 22ten marschierten die Batterien bis Reuden bei Kemberg, den 23ten bis Gniest (da die Sachsen wegen Übergang eines sächsischen Bataillons zu dem Feind durch die Franzosen von der Vorhut abgelöst wurden), den 24ten bis Gomlo und den 25ten bis Trebitz.

Ein Teil der Nordarmee war unterdessen bei Roßlau und Aken über die Elbe gegangen, um den Feind am weiteren Vordringen zu hindern, erhielt das 7te Korps Befehl, den 26ten September in 3 Kolonnen nach jener Gegend aufzubrechen und marschierte an diesem Tage bis Goldewitz bei Oranienbaum, wo das ganze Korps einen Biwak bezog, bei Lubast hatten sich die reitenden Batterien und die Kavallerie mit der Infanterie vereinigt.

Das Korps blieb bis zum 29ten September stehen.

Den 29ten September bei dem Vorrücken gegen Dessau gingen die beiden reitenden Batterien ‖ mit der Infanterie-Division und der leichten Reiter-Brigade über Oranienbaum bis Pölnitz vor. Von hier marschierte die Infanterie-Brigade von Brause mit dem

Husaren-Regiment, den beiden reitenden Batterien und eine halben Fuß-Batterie über Jonitz durch den Park Luisium. Zwischen demselben und dem Brückenkopf waren während der Nacht zum 29ten feindliche Infanterie und Reiterposten aufgestellt worden, die von den Franzosen angegriffen wurden, als die sächsische Kolonne hier ankam.

Die 1te reitende Batterie rückte mit einem Teil der Truppen vor, während die 2te Batterie mit dem Husaren Regiment und einem Bataillon Schützen in dem Park halt machte.

Das Gefecht endigte nach Verlauf mehrerer Stunden mit dem Rückzug des Feindes in den Brückenkopf.

Die reitenden Batterien bezogen einen Biwak bei Jonitz und nahmen hier den linken Flügel der Stellung ein, während die übrigen sächsischen Truppen in der Stellung bei Pölnitz blieben und die französische Division Durutte sich mit dem rechten Flügel an das Lustschloß Sieglitzer Berg lehnte. Dessau war von einem Teil der Division Guilleminot besetzt und das 4te Korps bis Oranienbaum und Wörlitz vorgerückt. Der Feind befand sich in ‖ einer sehr vorteilhaften Stellung bei Roßlau.

Da der Feind unterdessen bei Wartenburg über die Elbe gegangen und das 4te Korps daselbst ein unglückliches Gefecht bestanden hatte, so trat das 7te Korps in der Nacht 3ten bis 4ten seinen Rückzug an und die reitenden Batterien marschierten mit der sächsischen Kavallerie bis hinter Raguhn, wo die Batterien Position nahmen und das Ulanen-Regiment wieder eintraf.

Nach Verlauf einiger Stunden ward der Marsch bis Beerendorf bei Delitzsch fortgesetzt und mit dem Hauptpark, der in der Nähe des Dorfes aufgefahren war biwakiert.

Der Feind befand sich am 5ten zwischen Düben und Aken, die diesseitige Armee rückte in eine Stellung zwischen Eilenburg und Bitterfeld , die reitenden Batterien standen hinter Klein-Wölkau.

Gegen Abend wurde die sächsische Division in der Front von einem starken Kosakentrupp allarmiert. Die 2te reitende Batterie rückte sogleich mehrere 100 Schritt in der Ebene vor und wurden zwei Geschütze an einem rechts gelegenen Hindernisse sowie die beiden anderen einige 100 Schritt mehr links aufgefahren. Nach mehreren gut gezielten ‖ Schüssen zogen sich die Kosaken zurück und die Batterie ging in den Biwak bei Schenkendorf zurück. Den 6ten wurde bis Gotha, den 7ten bis Mölwen[10] und den 8ten bis Plagwitz marschiert.

Unterdessen war Napoleon mit seinen Garden und den Armee-Korps bei Wurzen angekommen und hatte Stellung zwischen Delitzsch, Eilenburg, Schildau und Dahlen genommen, der Kaiser selbst befand sich den 8ten in Wurzen. Der Feind stand ziemlich noch in der alten Stellung.

Den 9ten rückte das 7te Korps über Eilenburg vor und bezogen die reitenden Batterien mit der Reiter-Brigade einen Biwak bei Görschlitz nachdem Napoleon bei Klitsche Revue darüber gehalten hatte.

Den 10ten ward über Düben bis Reuden und den 11ten über Wittenberg gegangen, wo bis 13ten hinter der Festung von den reitenden Batterien biwakiert wurde.

Den 12ten ward Stellung bei dem Dorfe Teuchel genommen und den 13ten Oktober gegen Roßlau vorgerückt, die ‖ reitende Artillerie biwakierte bei Düben, nachdem sie auf dem Kurzberge Position gegen die Kosacken genommen hatte.

Hier kam der Befehl, in die Gegend von Leipzig zurückzugehen, in Folge dessen die reitenden Batterien den 14ten über Wittenberg bis nach Reuden bei Kemberg mit der Reiter-Brigade marschierten und daselbst biwakierten.

Den 15ten marschierte die 1ste Batterie mit der Reiter-Brigade und die zweite mit der leichten Infanterie bis Düben und den 16ten bis in die Gegend von Eilenburg.

Nachts 12 Uhr brach das Korps wieder auf, marschierte durch Taucha und daselbst bis gegen Morgen auf den Höhen bei der Windmühle. Morgens 8 Uhr marschierte das Korps von Taucha ab, formierte sich in Kolonne und nahm die Richtung gegen

---

[10] Anm. – Einem Ort mit diesem Namen gibt es nicht. Es könnte Wöllmen gemeint sein

Leipzig. Während des Aufenthaltes zwischen dem Vorwerk Heiterer Blick und der St.Thekla Kirche wurde ein dort befindlicher französischer Park durch das Einschlagen mehrerer feindlicher Kugeln in denselben so in Verwirrung gesetzt, daß er in der größten Unordnung auf das sächsische Korps retirierte und dadurch den Aufmarsch sehr er‖schwerte. Da kein weiterer Angriff geschah, so ward kurz darauf eine Stellung mehr rechts auf Schönefeld zu genommen, wo die Batterien in Park auffuhren. Abends 6 Uhr ward bis Paunsdorf marschiert, wo sich das Korps zwischen der Wurzner und Eilenburger Straße aufstellte und daselbst biwakierte.

Napoleon hatte unterdessen bei Leipzig die meisten seiner Armeekorps zusammengezogen und den 14ten bei Liebertwolkwitz, den 16ten bei Wachau, Möckern und Lindenau und den 17ten bei Gohlis gegen die verbündete feindliche Armee ohne besonderes Resultat gefochten.

Die Franzosen stehen den 18ten zwischen Connewitz und Schönefeld, das 7te Korps bei Paunsdorf und hatte früh noch Taucha besetzt.

Das sächsische Korps erhielt Befehl den 18ten früh sich bei Heiterblick zu formieren, von wo die Reiter-Brigade mit dem Bataillon von Sahr und der ersten reitenden Batterie links nach der Parthe zu in der Nähe der St.Thekla Kirche aufgestellt wurde.

Der General Reynier ‖ war unterdessen auf Rekogniszierung geritten um zu sehn, ob das sächsische Korps über Eilenburg nach Torgau durch die feindlichen Korps durchkommen könne. Als er von der Unmöglichkeit überzeugt zurückkehrte, befahl er die Bewegung nach Paunsdorf.

Die Infanterie-Division mit der 2ten reitenden Batterie und übrigen Artillerie stellte sich demnach zu beiden Seiten der Wurzner Straße, den linken Flügel hinter Paunsdorf auf, die 2te reitende Batterie hielt in Park bei der Paunsdorfer Windmühle hinter der Infanterie-Brigade von Ryßel. In dieser Stellung retirierte das geschlagene 11te Korps, das der Feind lebhaft verfolgte, bei ihm vorbei.

Ihm gegenüber stand die feindliche Nordarmee und das Langeronsche Korps.

Da die Kugeln der feindlichen nachsetzenden reitenden Batterien des Bülowschen Korps in die sächsischen Kolonnen schlugen, so wurde die 2te reitende Batterie mehrere 100 Schritt von dem Major von Roth vorwärts geführt und feuerte auf dieselben.

Ihr zur rechten stand eine sächsische 12pfd. und 6pfd. Fuß-Batterie sowie auf dem linken Flügel eine ‖ französische reitende Batterie.

Da indessen der Feind den Übergang über die Parthe erzwungen und sich der linke Flügel des diesseitigen 3ten Armeekorps von Neutzsch zurückgezogen hatte, so ward die Brigade Brause bis gegen Sellerhausen zurückgenommen, während die Brigade Ryssel auf die Höhe bei der Windmühle zwischen Paunsdorf und Mölkau vorrückte.

Die 2te reitende Batterie hatte während dem immer im feindlichen Geschützfeuer gestanden, hatte im Augenblick keine Munition mehr und bereits ansehnlichen Verlust, denn der Sergeant Hahn wurde getötet, 3 Kanoniere, 3 Pferde und 3 Trainsoldaten mit 14 Pferden wurden schwer blessiert, die Pferde mussten auf dem Platz liegen bleiben, so wie das des Train-Leutnants Krüger, welches ebenfalls totgeschossen war. Die französische reitende Batterie war schon vorher retiriert und so wurde die 2te reitende Batterie ebenfalls nebst den beiden sächsischen Batterien zurückgenommen, sie hatte nur noch 2 Kanonen und 1 Haubitze aktiv, 1 Geschütz wurde wegen Mangel an Bedienung und Bespannung nach Leipzig an das Grimmasche Tor in Park gebracht.

Die 2te reitende Batterie wurde nun vor dem rechten Flügel ‖ der Brigade Ryssel aufgestellt, wo sie lebhaft feuerte, jedoch durch das feindliche Feuer viel litt. Als der Feind in der Front und in der linken Flanke derselben vordrang, ward die Brigade Ryssel nebst der 2ten reitenden Batterie hinter die bei Sellerhausen stehende Brigade von Brause zurückgezogen, welche hierauf sich vor Sellerhausen rechts und links der Straße aufstellte. Die Brigade von Ryssel rückte rückwärts derselben neben Sellerhausen und die 2te reitende Batterie nahe vor ihr bei einer Windmühle in Position.

Die 1te reitende Batterie hatte während dem nebst der Reiterbrigade und dem leichten Infanterie-Bataillon von Sahr mehr links, der Parthe näher gestanden, wo sie von russischer Reiterei und Kossacken angegriffen und zurückgeworfen wurden, sie rückten jedoch unter dem Kartätschfeuer der 1ten reitenden Batterie wieder vor und formierten sich.

Gegen 10 Uhr Morgens verließen die Reiterbrigade und das Bataillon Sahr die Reihen der Franzosen, so dass die 1te reitende Batterie ganz isoliert stand und sich zurückzog. Später ward sie vom Kommandanten der beim Korps befindlichen sächsischen Artillerie Oberstleutnant Raabe dort ‖ abgerufen und stieß zum sächsischen Korps bei Sellerhausen.

Es war 4 Uhr Nachmittags als die reitenden Batterien vom General Reynier zum Vorgehen befehligt wurden, doch es war von den Kommandanten der verschiedenen sächsischen Parteien bereits beschlossen, die Reihen der Franzosen zu verlassen. Der Oberstleutnant Raabe führte die reitenden Batterien nebst sämtlicher Artillerie, welche bis jetzt den Feind bei Paunsdorf beschossen hatte, der die Infanterie-Division folgte, zu den Verbündeten, wo sie von einem Kossacken -Regiment jubelnd empfangen wurden.[11] General Reynier, sobald er diese Absicht merkte, sprengte davon.

Das sächsische Korps ward nach seinem Übertritt nach Engelsdorf zurückgesandt, wo aus den beiden reitenden Batterien sogleich eine zu 4 Geschützen unter Hauptmann Birnbaum formiert und welcher Leutnant Raabe und Leutnant Hoffmann zugeteilt wurden; Hauptmann Probsthayn blieb mit dem Rest bei Engelsdorf stehen, während obige Batterie unter die Befehle des General Platow gestellt und mit einer russischen reitenden ‖ und

---

[11] NB – Die Artillerie war in Batterie-Kolonnen formiert, zuerst standen die reitenden, dann die Fuß-Batterien und endlich die 12pfdigen Batterien, die ersteren gingen zuerst im Trab, dann folgte die Fuß-Artillerie mit aufgesessenen Mannschaften.

einer fahrenden österreichischen Batterie gegen die Franzosen vorrückte und auf dieselben feuerte.

Hierbei ward Hauptmann Birnbaum leicht verwundet und Leutnant Raabe übernahm das Kommando der Batterie.

Im Ganzen hatte die Brigade reitender Artillerie an diesem Tage Verlust:

An Gebliebenen :
1 Sergeant Hahn, 3 Pferde von der	2ten Batterie
1 Trainsoldat	1ten
14 Pferde vom Train	2ten

An Verwundeten :
1 Hauptmann Birnbaum	1ten
1 Unterkanonier	1ten
1 Oberkanonier	
3 Unterkanoniere	2ten
4 Trainsoldaten	

Gefangen oder vermisst :
6 Mann, 1 Pferd	2ten
18 Mann, 36 Pferde vom Train	2ten

Als die Batterie nach Engelsdorf zurückkehrte, wo das sächsische Korps die Nacht biwakierte, wurden auf Befehl des Oberstleutnants Raabe nur 4 Geschütze der reitenden Artillerie zur sächsischen Division bestimmt, um die anderen neu zu formieren.

Der Etat dieser 1ten reitenden Batterie, zu der die 2te Ergänzung gab, war nach Abgang anderwärts kommandierter Ordonnanzen ‖

1 Capitain	Probsthayn	
1 Sousleutnant	Raabe	
1 Feuerwerker	mit	1 Pferd
1 Chirurg		1 Pferd
4 Corporals		4
2 Trompeter		2
1 Schmied		-
1 Sattler		-
6 Oberkanoniers		6
50 Unterkanoniers		50
68 Mann	mit	65 Pferden, überdies 2 Ouvriers

Train

  1 Sousleutnant Herzog

4 Unteroffiziere	mit	4 Pferden
44 Trainsoldaten		78
49 Mann	mit	82 Pferden

3 6pfd. Kanonen
1 8pfd. Haubitze
3 6pfd. Kugelwagen
2 8pfd. Granatwagen
1 Kompaniewagen
1 Feldschmiede
1 6pfd. Vorratslafette

Hauptmann Birnbaum und Leutnant Hoffman von Altenfels mit dem Rest der reitenden Brigade blieben bei Leipzig stehen.

Den 19ten Oktober zog sich die französische Armee von Leipzig zurück, doch nahm das sächsische Korps bei dessen Verfolgung keinen Anteil, sondern rückte auf Befehl des Fürsten Schwarzenberg, dem österreichischen Heer nach Pegau zu folgen, über Stötteritz nach Connewitz vor biwakierte die reitende Batterie diese Nacht hinter denselben links der Straße nach Pegau, nachdem vorher der österreichische General Prinz Hohenlohe-Bartenstein Revue gehalten hatte.

Bei dem Marsch des sächsischen Korps nach Zeitz, rückte die reitende Batterie den 20ten über Zwenkau bis Audigast und den 21ten über Pegau, Zeitz bis Haynichen, wo sie bis zum 24ten stehen blieb und wo an diesem Tage die eine Section nach Tröglitz und die andere nach Techwitz bis zum 26ten Oktober zu stehen kam.

Die bis hierher dem österreichischen Korps gefolgten sächsischen Truppen erhielten hier den Befehl des General-Gouverneurs Fürsten Repnin zur Sicherung gegen Angriffe der Franzosen von Dresden und Torgau, nach Sachsen zurückzukehren und Stellung an der Mulde zwischen Wurzen und Eilenburg zu nehmen.

Das Korps brach demnach den 26ten von Zeitz in diese Stellung auf, die reitende Batterie kam den 26ten nach Zwenkau und den

27ten nach Eilenburg, wo sie bis den 30ten Oktober stehen blieb und an diesem Tagewegen erhaltener anderer Bestimmung des Korps, Kantonierungsquartiere in Langen-Reichenbach bei Schildau bezog.

Der russische General-Leutnant von Thielmann hatte am 28ten Oktober das Kommandoe der sächsischen Truppen, welche bis auf weiteres mit einem preußischen Korps zur Einschließung von Torgau bestimmt wurden, übernommen.

Den 2ten November rückte das sächsische Korps in die Gegend von Torgau zwischen Wurzner und Eilenburger Straße.

Die reitende Batterie kam nach Wesenig.

Bei dem Angriff des Dorfes Losswig am 3ten November durch die Franzosen aus Torgau , rückte die reitende Batterie vor in Position und wurde ein Geschütz davon zur Bestreichung des Dammes zwischen Losswig und Wesenig detachiert, welches später wieder zur Batterie stieß. Das Gefecht endete mit der Wiedereinnahme von Losswig, worauf die Batterie wieder nach Wesenig zurückkehrte.

Den 5ten November unternahm der Feind wieder einen Ausfall, Losswig wurde von demselben genommen und er drang gegen Beckwitz vor, von wo er später zurückge‖worfen wurde.

Leutnant Raabe wurde detachiert und stellte sich links von Losswig an einem Graben auf, welcher die Ratsheide, in die der Feind zum Schlagen von Holz zu Palisaden gedrungen war, umgab. Durch das Feuer seiner Geschütze unterstützte er nicht nur die sächsische Infanterie, welche retirierte, er trieb auch durch Kartätschschüsse das den feindlichen Plänklern als Soutien folgende Bataillon zurück, wonach die Infanterie wieder zum Avancieren überging und der Feind aus der Heide geworfen wurde.

Während dem war Hauptmann Probsthayn mit der anderen Section unter Deckung eines Detachements Ulanen auf die Höhe bei der Losswiger Kirche vorgegangen, von wo er die 2 an der Scharfrichterei aufgestellten feindlichen Geschütze zum Schweigen und sie nebst den Truppen zum Rückzug zwang.

Um fernere Ausfälle zu hindern ward das sächsische Korps in 2 Linien aufgestellt, die reitende Batterie stand in der 2ten Linie, blieb in Wesenig und war nebst einem Bataillon in Kurzwerda zur Unterstützung von Losswig und zur Deckung der Gegend bis zur Elbe bestimmt.

Das sächsische Korps blieb bis zum 14ten November in seiner Stellung ‖ stehen, wo es durch eine preußische Brigade abgelöst wurde und über Eilenburg in das Kantonnement bei Merseburg rückte.

Die reitende Batterie marschierte bereits den 12ten November von Wesenig über Eilenburg , wo die sächsische leichte Kavallerie stand, bis Wölkau, den 13ten über Schkeuditz bis Zschöfen und den 14ten über Merseburg auf Barnstedt in das Kantonnement. Von hier aus hatte die Batterie den 25ten November eine Revue vor dem General von Thielmann bei Lauchstedt.

Hier traf ein Befehl vom Oberstleutnant Raabe vom 8ten November aus Leipzig ein, nach welchem die reitende Brigade ziemlich ganz dieselbe Stärke wie nach der Formierung bei Dommitzsch haben sollte und wie der Etat (Beilage IV) sowie die Verpflegung (Beilage V) angegeben ist, welche letztere auf 2 Batterien zu 6 Geschützen berechnet ist.

Hauptmann Probsthayn behielt jedoch jetzt noch das Kommando der 1ten Batterie, während die 2te bei Leipzig, wo der Artillerie-Park stand, in Brandis kantonierte.

Hier traten 1 Korporal von Ulanen, 1 Korporal von Husaren zur Instruction im Reiten bei der 2ten Kompanie in Brandis den 9ten November ein. ‖

Leutnant Hoffmann ging mit 89 Mannschaften und 39 Pferden Mitte November aus dem Depot zu Brandis nach Erdeborn bei Eisleben ab, wohin die 2te Batterie kam.

Den 24ten November erhielt die 2te Batterie 1 Kanonier mit 1 Pferd und 14 Trainsoldaten mit 28 Pferden zur Komplettierung aus dem Depot zu Brandis, nachdem sie bereits am 15ten November 5 Mann von den Kürassiers und 5 Mann von Zastrow zur Komplettierung erhalten hatte.

In einer Order an den Kommandanten des Artillerie-Korps Oberst von Hoyer vom 5ten Dezember 1813 vom kaiserlich russischen Generalleutnat von Thielmann wurde dem mobilen Artillerie-Korps bekannt gemacht, dass seine Majestät der Kaiser von Russland ihm das Kommando der sächsischen Armee übertragen habe – Oberstleutnant Raabe behielt demnach das Kommando der mobilen Artillerie und wurde an die unmittelbaren Befehle desselben, sowie der immobile Teil derselben an die des Fürsten Repnin verwiesen.

Die reitende Artillerie wurde neuerdings formiert, der Ersatz befand sich bereits bei den Batterien, und erhielt folgenden Etat :

Etat

Zur Formierung der Brigade reitender Artillerie vom 5ten Dezember 1813

Brigade-Stab

1 Major :	Johann Heinrich August von Roth
1 Adjutant :	Premier-Leutnant Heinrich Moritz Birnbaum

I. reitende Batterie

4 Stück	6pfdige Kanonen	hierzu	12	Trainsoldaten u.	24	Pferde
2 ''	8 '' Haubitzen		6	''	12 ''	
4 ''	6 '' Kugelwagen		12	''	24 ''	
4 ''	8 '' Granatwagen		12	''	24 ''	
1 Administrationswagen			2	''	4 ''	
1 Feldschmiede			2	''	4 ''	
1 6pfdige Vorratslafette			2	''	4 ''	
17 Fuhrwerke			48	Trainsoldaten u.	96	Pferde

Hierzu vom Train

1 Offizier:	Leutnant Herzog			
1 Sergeant		mit	1	Pferd
4 Korporals		''	4	''
10 Trainsoldaten		''	10	''
64 Mann		mit	111	Pferden

Artillerie

1 Capitain :	Carl Moritz Birnbaum		
1 Premier-Leutnant :	Friedrich Maximilian v. Brauchitzsch		
1 Sous-Leutnant :	Friedrich Moritz Raabe		
1 Sergeant	mit	1 Pferd	
1 Fourier	″	1	″
1 Chirurg	″	1	″
7 Feuerwerker und Korporals	″	7	″
2 Trompeter	″	2	″
1 Schmied	″	1	″
1 Sattler			
80 Ober- und Unterkanoniers	″	80	″
97 Mann	mit	93 Pferden	

Überdies 2 Ouvriers

II. reitende Batterie

4 Stück	6pfdige	Kanonen	hierzu 12 Trainsoldaten u.	24 Pferde	
2 ″	8 ″	Haubitzen	6 ″	12 ″	
4 ″	6 ″	Kugelwagen	12 ″	24 ″	
4 ″	8 ″	Granatwagen	12 ″	24 ″	
1 Administrationswagen			2 ″	4 ″	
1 Feldschmiede			2 ″	4 ″	
1 6pfdige Vorratslafette			2 ″	4 ″	
17 Fuhrwerke			48 Trainsoldaten u.	96 Pferde	

Hierzu vom Train

1 Offizier:	Leutnant Krüger		
1 Sergeant	mit	1 Pferd	
4 Korporals	″	4	″
10 Trainsoldaten	″	10	″
64 Mann	mit	111 Pferden	

Artillerie

1 Capitain :	Friedrich Gottlieb Probsthayn
1 Premier-Leutnant :	August Friedrich Schumann
1 Sous-Leutnant :	Carl Fr. Ghelf Hoffmann v. Altenfels ‖

1 Sergeant	mit	1	Pferd
1 Fourier	′′	1	′′
1 Chirurg	′′	1	′′
7 Feuerwerker und Korporals	′′	7	′′
2 Trompeter	′′	2	′′
1 Schmied	′′	1	′′
1 Sattler			
80 Ober- und Unterkanoniers	′′	80	′′
97 Mann	mit	93	Pferden

Überdies 2 Ouvriers

<u>Summa der reit. Artillerie Brigade</u>

200 Mann	Artillerie	mit	186 Pferden
128 ′′	Train	′′	222 ′′
328 Mann		mit	408 Pferden

Leipzig den 5ten Dezember 1813
Freiherr von Thielmann ‖

Der Major von Roth war seit der Schlacht von Leipzig krank und der Capitaine Birnbaum der sich den 27 November gesund gemeldet hatte, übernahm interimistisch das Kommando der Brigade und der Premier-Leutnant von Brauchitzsch das Kommando der 1ten Batterie. Der Premier-Leutnant Vogel war am 28ten November in Merseburg am Nervenfieber gestorben und der Premier-Leutnant Birnbaum an dessen Stelle unter dem 3ten Dezember zur reitenden Brigade versetzt worden.

Den 29ten November traf Premier Leutnant von Brauchitzsch bereits mit dem Ersatz an Mannschaften, Geschützen und einem Teil der zur Komplettierung der Batterie zu 6 Geschützen notwendigen Pferde aus dem Depot der reitenden Artillerie von Beucha bei der 1ten reitenden Batterie unter dem einstweiligen Befehl des Hauptmann Probsthayn ein.

(**NB.** Wie schon erwähnt war Premier-Leutnant von Brauchitzsch den 6ten September gefangen und den 19ten desselben Monats nach Berlin gebracht worden, wo das Los der sächsischen Gefangenen nichts beneidenswertes war. ‖

Derselbe ging später nebst mehreren sächsischen Truppen auf Zerbst in das Hauptquartier des Kronprinzen von Schweden, um sich bei der sächsischen Legion zu engagieren. Diese sächsische Legion rückte den 13ten Oktober von Zerbst aus und traf den 15ten in Berlin ein. Er erhielt hier den 21ten Mannschaften zur Formierung der Batterie für die Legion. In Folge des Übertritts der Sachsen zu den Verbündeten, wurden die kriegsgefangenen Sachsen entlassen und Premier-Leutnant von Brauchitzsch ging nebst denselben den 5ten November von Berlin ab und traf den 9ten November nebst 2 Korporals, 8 Unterkanoniers der reitenden Artillerie bei dem Artillerie-Hauptpark in Brandis ein. Er übernahm den 12ten das Depot der reitenden Artillerie. Dasselbe hatte früher in und bei Dresden gestanden, war aber nach dem Übertritt der Sachsen von Dresden entlassen und unter dem Premier-Leutnant Schumann in Beucha eingetroffen. Derselbe wurde durch Abgabe von Mannschaft und Pferden der Kavallerie verstärkt.

Premier-Leutnant von Brauchitzsch war den 27ten November mit dem Ersatz für die 1te reitende Batterie von Beucha abgegangen und den 29ten November‖bei der Batterie in Barnstedt eingetroffen. Derselbe ging den 1ten Dezember zur Übernahme von 33 Pferden für die Brigade nach Leipzig ab und traf den 5ten mit denselben bei der Batterie in Barnstedt wieder ein.)

Zu einer Revue des sächsischen Korps bei Merseburg vor dem Fürsten Repnin rückte die 1te reitende Batterie den 3ten Dezember nach Schottereg, hatte den 4ten Revue, von wo sie den 5ten in Barnstedt wieder eintraf und den 6ten Dezember mit der 1ten Kolonne über Querfurt nach Sutterhausen marschierte. Nach einem Befehl des russischen General-Leutnants von Thielmann vom 30ten November sollte sie sächsische Armee den 6ten und 8ten Dezember in 3 Kolonnen aufbrechen. Die 1te Kolonne unter dem General-Major von Gablenz bestand aus

2 Escadrons Husaren

3 Escadrons Ulanen

der 1ten reitenden Batterie

3 Bataillons Grenadiers

2 Bataillons Schützen

Die 2te Kolonne unter dem Befehl des General-Majors von Ryssel war formiert aus:

3 Escadrons Kürassiers

1 Bataillon vom   1ten Lin. Inf. Regiment

1   ´´   2ten   ´´

der 2ten reitenden Batterie

1 12pfdigen Fuß-Batterie ‖

1 6pfdigen Fuß-Batterie

dem Divisionspark

Die 3te Kollone war unter dem General-Major von Brause zusammengesetzt aus:

Den Ergänzungs-Detachements der Kavallerie

1 Bataillon Schützen

2   ´´ des 1ten provisor. Inf. Regiments

2   ´´   2ten   ´´   ´´

den Grenadier-Ergänzungsmannschaften

dem Hauptpark

Demgemäß brach die 1te reitende Batterie den 6ten Dezember mit der 1ten Kolonne über Querfurt (auf) und kam nach Sutterhausen.

Von hier aus ward Premier-Leutnant von Brauchitzsch mit einem Detachement der Batterie den 9ten auf Liedersdorf detachiert, den 11ten löste denselben Leutnant Raabe ab, während Premier-Leutnant von Brauchitzsch nach Sutterhausen kam und von dem Hauptmann Probsthayn das Kommando der 1ten Batterie übernahm, der den 12ten zur 2ten Batterie nach Erdeborn bei Eisleben abging.

Da unterdessen der regierende Herzog von Weimar das Kommando der mobilen sächsischen Truppen, welche in Verbindung mit den Anhaltischen und Schwarzburgischen das 3te deutsche Armee-Korps nach dem Beschluß der verbündeten Häupter bilden sollte, übernommen hatte, ‖ so wurde der vom General Thielmann gegebene Befehl zum Aufbruch contremandiert und die Verlegung der Truppen in Kantonierungen anbefohlen.

Den 16ten marschierte die 1te reitende Batterie von Sutterhausen nach Hettstädt, wo die 2te reitende Batterie über Eisleben eintraf.

Die 2te reitende Batterie hatte erst bei Leipzig gestanden, war nach dem Etat vom 8ten November formiert worden und von da mit der 2ten Kolonne nach Erdeborn bei Eisleben marschiert, wo sie nach dem schon angegebenen Etat vom 5ten Dezember neu formiert wurde und Premier-Leutnant Schumann am 8ten Dezember die noch fehlenden Pferde in Leipzig übernommen hatte.

Von hier aus marschierte den 18ten Dezember die 1te reitende Batterie über Schraplau und belegte Gleine, Baumersroda, Dorndorf etc. und die 2te nach Gröst, Zeigefeld, Almsdorf, Leiha etc. in Kantonierungsquartiere bei Mücheln, indem die mobile sächsische Armee daselbst, nämlich die Kavallerie bei Artern, die Infanterie bei Sangerhausen, Querfurt etc. und die Artillerie bei Mücheln bis zum 1ten Januar 1814 kantonierte.

Die Marschdepots unter dem ‖ Befehl des Generalmajor von Brause blieben in der Gegend von Merseburg stehen.

Während dieses Kantonements fiel nichts besonderes als das zur Feier des (Alexander?) Festes die Brigade den 24ten Dezember bei Bendorf Revue hatte und Leutnant Hoffmann an diesem Tage mit 2 Geschützen nach Artern rücken musste um bei dem zu haltenden TE DEUM Kanonensalven zu geben.

Das Depot der reitenden Artillerie unter dem Sous-Leutnant Grafen von Vitzthum (derselbe übernahm ihn erst nach seiner Rückkehr aus der Gefangenschaft, den 18ten Januar) später wieder nach Radeburg ab, die Stärke desselben kann aus Mangel an Nachweisungen darüber nicht angegeben werden[12], nur ist aus einer Ordre zu erfahren, dass das Depot gar keine Pferde führen, sondern sie alle zur Komplettierung der Batterien abgeben solle.

---

[12] NB – Leutnant Gräfe, 1 Feuerwerker, 25 Kanoniers

Ehrenzeichen hatten von der Brigade reitender Artillerie wegen in diesem Feldzuge besonders gezeigter Bravour erhalten:

Inländische

Den St.Heinrichs-Orden der Hauptmann Birnbaum nach der Schlacht bei Jüterbogk ‖

Ausländische

Den Orden der französischen Ehrenlegion
der Hauptmann Birnbaum nach der Schlacht bei Großbeeren
der Hauptmann Probsthayn nach der Schlacht bei Bautzen
der Premier-Leutnant und Adjutant Vogel und der Sous-Leutnant
Hoffmann von Altenfels nach der Schlacht bei Bautzen
der Korporal Fischer von der I. Batterie

Albert Schmalz
Oberleutnant und Adjutant ‖

Beilage I   Dresden, den 22ten Januar 1813

Ew. Hochwohlgeboren haben die Herstellung einer Batterie reitender Artillerie aus dem vorhandenen Depot und nach dem eingereichten Entwurf zu organisieren. Der Premier-Leutnant Probsthayn erhält das Kommando dieser Batterie.

Ich genehmige, daß der Sous-Leutnant Hofmann von Altenfels bei solcher angestellt wird und so wie der Korporal Hahn von der Brigade reitender Artillerie sofort aus der Akademie entlassen und an diese Batterie verwiesen werde.

Die Rations für benannte Leutnants sind zu erheben, und werde ich hier die Genehmigung von Sr. Majestät dem König erbitten.

Die übrigen fehlenden Unteroffiziers und Oberkanoniers sind zu benennen. Die drei Invaliden sind zu verabschieden und die Verträge deshalb an mich einzureichen.

Die noch fehlenden 33 Reitpferde incl. 3 Klepper werden des baldigsten abgegeben werden.

Zur Beschaffung der fehlenden Armatur, Lederwerk, Reiter-Beimontur, Pferde-Equipage und Feldequipage habe ich die nötigen Ordres erteilt.

                                    v. Gersdorf

An
den Herrn Obrist Birnbaum ||

Beilage II   Dresden den 3ten Februar 1813

Von seiner Königl. Majestät ist mittels allerhöchster Ordre vom 27ten vorigen Monats anbefohlen worden, daß der Feld-Etat der reitenden Artillerie einstweilen und bis von denen in Gefangenschaft befindlichen Mannschaften Nachrichten eingehen werden, mit :

1 Offizier, welcher von der Fuß-Artillerie dazu kommandiert wird,
1 Sergeant
1 Feuerwerker
1 Fourier
1 Chirurgus
2 Trompeter
1 Korporal
1 Schmied
11 Ober- und

20 Unter- Kanoniers
vermehrt werden soll.

Der Offizier erhält solchem nach die regelmäßigen Rationen und die Mannschaft die geordnete Löhnung und Gebührnisse von der Zeit der Dienstleistung bei besagter Artillerie.

Euer Hochwohlgeboren mache ich solches nachrichtlich und zur weiteren Verfügung bekannt.

von Gersdorf

An
den Herrn Obersten Birmbaum   ‖

Beilage III

An
Sr. des Königlich Sächs-
sichen Herrn General-Major
von Mellentin
Hochwohlgeboren   Gehorsamste Meldung

Laut einer von dem Sous-Leutnant von Eberhardt vom 3ten provisorischen Linien Infanterie Regimente an mich eingereichte Anzeige, ist der Sous-Leutnant Eckhardt von der reitenden Artillerie im Monat Dezember 1812 in der Gegend von Minsk an Entkräftung verstorben, zum Beweis hat der, ebenfalls aber später verstorbene Leutnant Hörnig, Eckhardts Orden und silbernen Trinkbecher vorgezeigt.

Wenn Ew. Hochwohlgeboren befehlen , dass der Leutnant Eckhardt in Abgang gebracht werden soll, so schlage ich den Sous-Leutnant Friedrich Heinrich Gräfe von der Fuß-Artillerie zur Versetzung bei der reitenden Brigade ohnmaßgeblich vor und erwarte Ew. Hochwohlgeboren Resolution gehorsamst.

Dresden, den 17ten Februar 1814
Gustav   von   Hoyer

‖

Beilage IV

Die mobile reitende Artillerie soll für jetzt nach der bei Dommitzsch statt gehabten Formierung bestehen und zwar an Geschütz, Fuhrwerk, Mannschaft und Pferden, wie nachstehend folgt:

<u>I.reitende Batterie</u>

3 6pfdige Kanonen mit	9 Trainsoldaten und	18 Pferden
1 8 ″ Haubitze	3 ″	6 ″
3 6 ″ Kugelwagen	9 ″	18 ″
2 8 ″ Granatwagen	6 ″	12 ″
1 Kompaniewagen	3 ″	6 ″
1 Feldschmiede	2 ″	4 ″
1 6pfdige Vorratslafette	2 ″	4 ″
12 Fuhrwerke mit	44 Trainsoldaten und	78 Pferden
Reserve	10 ″	10 ″

Hierzu

	1 Offizier	Sousleutnant Herzog	
	1 Sergeant	mit	1 ″
	3 Corporals	″	3 ″
Sa.	49 Mann mit		82 Pferden

<u>An Artillerie</u>

1 Capitain	Birnbaum		
1 Sous-Leutnant	Raabe		
1 Sergeant		mit	1 Pferd
1 Fourier		″	1 ″
1 Chirurg		″	1 ″
5 Feuerwerker u. Corporals		″	5 ″
2 Trompeter		″	2 ″
1 Schmied		″	1 ″
1 Sattler			
1 Wagner			
50 Ober- und Kanoniere		″	50 ″
65 Mann		mit	61 Pferden

Überdies

2 Ouvriers

67 Mann Sa. Summarum

II. reitende Batterie

3 6pfdige Kanonen mit	9 Trainsoldaten und	18 Pferden
1 8 ″ Haubitze	3 ′′	6 ′′
3 6 ″ Kugelwagen	9 ′′	18 ′′
2 8 ″ Granatwagen	6 ′′	12 ′′
1 Kompaniewagen	3 ′′	6 ′′
1 Feldschmiede	2 ′′	4 ′′
1 6pfdige Vorratslafette	2 ′′	4 ′′
Reserve	10 ′′	10 ′′
12 Fuhrwerke mit	44 Trainsoldaten und	78 Pferden

Hierzu

1 Offizier	Sousleutnant Krüger		
1 Sergeant	mit	1	′′
3 Corporals	′′	3	′′
Sa.	49 Mannmit	82 Pferden	

An Artillerie

1 Capitain	Probsthayn	
1 Sous-Leutnant	Hofmann von Altenfels	
1 Sergeant	mit	1 Pferd
1 Fourier	′′	1 ′′
1 Chirurg	′′	1 ′′
5 Feuerwerker u. Corporals	′′	5 ′′
2 Trompeter	′′	2 ′′
1 Schmied	′′	1 ′′
1 Sattler		
1 Wagner		
50 Ober- und Kanoniere	′′	50 ′′
65 Mann	mit	61 Pferden

Überdies

2 Ouvriers

67 Mann Sa. Summarum

Leipzig

Am 8ten November 1813

Ferdinand Raabe
Oberst Leutnant

Beilage V

Feld-Verpflegungs-Reglement für die reitende Artillerie

01. November 1813

Monatliches Gebührnis — an Gelde (im Lande / im Felde) und an Potionen u. Rationen (im Felde / im Land)

Feld-Verpflegungs-Reglement für die reitende Artillerie	im Lande à Thl.	im Lande à Gr.	im Lande à Pf.	im Lande Summa Thl.	im Lande Summa Gr.	im Lande Summa Pf.	im Felde à Thl.	im Felde à Gr.	im Felde à Pf.	im Felde Summa Thl.	im Felde Summa Gr.	im Felde Summa Pf.	Portion à	Portion Sa.	Ration à	Ration Sa.	im Land Por	im Land Rat
Tractament																		
1 Major als Commandant				125										3		5		3
1 Adjutant incl. Schreibmat.				33										2		3		2
1 Capitain 1ter Klasse				100										2		3		2
1 Capitain 2ter Klasse				50										2		3		2
1 Premier-Leutnant				25										2		3		2
3 Sous-Leutnants	20			60									2	6		6		6
8 Mann Summa				393										17		22		17
Löhnung und Hufschlag																		
2 Sergeanten m. 2 Pferden	10			20									1	2	1	2	2	2
2 Feuerwerker m. 2 Pferden	7	12		15									1	2	1	2	2	2
2 Fouriers incl. Schreibm. 2 Pf.	7	20		15	16			4			8		1	2	1	2	2	
2 Chirurgen m. 2 Pferden	8			16				4			8		1	2	1	2	2	
12 Corporals m. 12 Pferden	6	12		78									1	12	1	12	12	12
4 Trompeter m. 4 Perden	6	12		26									1	4	1	4	4	4
2 Schmiede m. 2 Pferden	5	21		11	18			4			8		1	2	1	2	2	
32 Ober-u.Kanoniers 32 Pf.	3	19	4	121	18	8							1	32	1	32	32	32
128 Unterkanoniers m. 128 Pf.	3		2	384	21	4							1	128	1	128	128	128
186 Mann mit 186 Pferden				689	2					1				186		186	186	180
Hierüber																		
Löhnungs-Abzug für die volle																		
Naturalverpflegung auf 186																		
Mann à 1 Thl. 6 Gr. à 1.Januar				248														
Verbleibt				441	2													
Übrige Gebührnisse																		
Beimontierungsgeld auf																		
186 Mann als																		
24 Unterofficiers incl. Zuschuß	20	2	27/48	20	5	1 1/2												
162 Schmiede, Ober-u.Kan.	14	5	13/24	92	14	9 3/4												
186 Mann																		
Der Wirtschafts-Commission																		
auf Berechnung zu Anschaffung																		
zu Anschaffung der Medicin																		
und Bandagen auf 186 Mann	2			15	12													
zu Unterhaltung des Leder-																		
werks und der Pferdeequipage				16														

reitende Artillerie	Monatliches Gebührnis													
	an Gelde								an Potionen u. Rationen					
	im Lande			im Felde					im Felde				im Land	
	Summa			à		Summa			Portion		Ration		Por	Rat
01. November 1813	Thl.	Gr.	Pf.	Gr.	Pf.	Thl.	Gr.	Pf.	à	Sa.	à	Sa.		
zu Equipierung der neu angestellten Unteroffiziers à 4 Thl. nach dem ohngefähren Abgang jährlich von 4 Mann	1	8												
zu Unterhaltung der Armatur	5													
zur Bestreitung der Roßkuren	7													
zu Gerichtskosten, Porto u. Schreibmaterial für die Wirtschafts-Commission	4													
Statt des vorher ausgesetzt gewesenen Beimontierungs-Feldzuschuß				5		38	18							
zuschuß auf 186 Mann	166	15	11 1/4			60	18							
194 Mann mit 186 Pferden	1.000	17	11 1/4			61	18			203		208	186	197

Anmerkung: Das Equipierungs-Geld für die neu ernannten Unterofficiers findet bei der reitenden Artillerie erst 1ten April a.c. statt.

Für gleichlautende Abschrift
Benjamin Gottlob Tippmann
Premier-Leutnant und Präsens der
mobilen Wirtschaftskommission

4.   Quellennachweis

Handschriftliches Original im Sächsischen Staatsarchiv – Hauptstaatsarchiv Dresden, 11342 Artillerieformationen, Nr.154

Zur Verifizierung verwendete Literatur

Cerrini – Die Feldzüge der Sachsen in den Jahren 1812 und 1813 – Dresden 1821

Stamm- und Rangliste der Königl. Sächs. Armee auf das Jahr 1810

Stamm- und Rangliste der Königl. Sächs. Armee auf das Jahr 1811

Stamm- und Rangliste der Königl. Sächs. Armee auf das Jahr 1812

Stamm- und Rangliste der Königl. Sächs. Armee auf das Jahr 1813

Hinweis

Die Genehmigung zur Veröffentlichung der oben angeführten Quelle ist vom Hauptstaatsarchiv in Dresden unter dem Aktenzeichen D1-7512.2-2/5737 erteilt worden.

<u>In der Reihe:</u>

Beiträge zur sächsischen Militärgeschichte zwischen 1793 und 1813

<u>sind bisher erschienen:</u>